Levantemos el corazón

Guía para no perderse en misa

Javier Rubio

Levantemos el corazón

Guía para no perderse en misa

Paulinas

2.ª edición

Cubierta: Foto de Yannes Kiefer (unsplash.com)

© PAULINAS 2024
Carril del Conde, 62 - 28043 Madrid
Tel.: 91 721 89 84 - Fax: 91 759 02 04
E-mail: editorial@paulinas.es
www.paulinas.es

© Javier Rubio Rodríguez

ISBN: 978-84-19408-32-7
Depósito Legal: M-7543-2024

Impreso por Gar.Vi. 28970 Humanes (Madrid)
Printed in Spain. Impreso en España

Introducción

No hay nada como la eucaristía. Nada. Porque no es una re-presentación sino una doble presentación: nosotros ponemos el pan y el vino y Cristo pone, en respuesta, su Cuerpo y su Sangre para que lo comulguen los fieles. Cada vez que celebramos la eucaristía estamos actualizando —esto es, trayendo hasta nuestros días— la pasión, muerte y resurrección de Nuestro Señor Jesucristo. Si no nos olvidáramos con tanta frecuencia de este maravilloso misterio, sentiríamos que la misa es algo que nos supera y nos desborda y entraríamos en ella con el estupor de quien sabe que va a asistir a un prodigio inexplicable. ¡Cómo cambiaría nuestra conciencia de la misa desde entonces!

De la eucaristía se ha escrito mucho. Y se ha dicho casi todo: constituciones apostólicas, encíclicas, motu proprios, cartas, ponencias, libros, artículos, ensayos sobre liturgia, sobre homilética, sobre mistagogía… Menudas palabrejas, pareciera que están puestas ahí para espantar al que no las ha escuchado nunca, como barreras sutiles que separan y marcan fronteras infranqueables. Nada más lejos de la realidad.

Este libro no pretende gran cosa. O sí: que quien lo lea saboree la eucaristía en toda su plenitud, incluido su misterio inabarcable. Es un propósito imposible de cumplir, desde luego, pero el propio misterio que celebramos nos introduce en ese Misterio con mayúsculas que es Dios, al que dirigimos una alabanza perfecta mediante los rituales de la celebración eucarística.

El lector que busque novedades teológicas o aportaciones litúrgicas se sentirá defraudado porque nada de eso lo va a encontrar en estas páginas. Tampoco es una mera recopilación de aspectos formales, sino que pretende ir más allá. Pero aquel que quiera saber por qué se hace cuanto hacemos en misa, por qué se reza de un modo y no de otro y qué significa lo que estamos celebrando encontrará un aliado en este libro, una especie de lazarillo con el que adentrarse de la mano en el misterio eucarístico. Esa y no otra ha sido la intención del autor. Con que un solo lector viva de manera más intensa la experiencia de la misa la próxima vez que acuda a un templo, me daré por satisfecho. Levantemos el corazón.

I
Repique de campanas

Primer toque, segundo toque y repique. A muchos de los lectores, este lenguaje les sonará a chino. Pero en muchos otros resonará, lejano tal vez en el tiempo y también en la distancia, el eco amortiguado de las campanas del pueblo llamando a misa de doce los domingos y fiestas de guardar. Incluso habrá quienes hayan tenido el honor de voltear las esquilas en un repique inconfundible tras dos llamadas previas distanciadas cada una un cuarto de hora.

Cuando nadie usaba reloj —y sólo los que podían permitírselo lo guardaban en el bolsillo del chaleco sujeto de una leontina—, el campanario marcaba el ritmo de la vida: por la mañana, llamaba a misa al alba, antes de comenzar las tareas cotidianas; el toque del ángelus marcaba el mediodía en que se paraban las faenas agrícolas para reponer fuerzas; el toque de ánimas imponía el momento de recogerse en casa para pasar la noche. Se anunciaban natalicios y agonías con toques distintos si era varón o mujer el que pugnaba con la muerte hasta que las campanas doblaban señalando el tránsito definitivo. Se tocaba a rebato (de distinta forma según la calamidad que se avecinaba) y a cabildo para congregar al pueblo en torno a lo que se fuera a discutir en concejo abierto.

El de campanero era oficio reconocido y el campanario de la iglesia parroquial era la única emisora que se sintonizaba en miles de pueblos de la geografía nacional, añadiendo a la función evidente de convocatoria de los fieles un código exacto que cuantos oían el tañido sabían descifrar.

Cualquiera diría que la campana de la Iglesia convocaba a misa a los parroquianos. Pero eso es un error imperdonable en el que, ahora que no tañen las campanas en muchas ciudades saturadas de ruidos, no podemos permitirnos caer. Por muy alto que sea el campanario para que la llamada alcance a toda la feligresía, esta convocatoria para misa viene de más arriba. Mucho más.

Porque, y esto es de lo más extraordinario del asunto, no vamos a misa porque nos lo recuerda el repique de campanas. Ni siquiera ésta suena a nuestro antojo, sino que al acudir al oficio divino estamos atendiendo una llamada divina a participar en la liturgia, eso que san Benito de Nursia llamaba, en su regla monástica, «opus Dei».

Es Dios quien convoca, por mucho que el sacerdote haya ordenado al sacristán que toque las campanas o la junta de gobierno de la hermandad haya señalado tal fecha para la función principal de instituto. No nos hemos convocado nosotros ni hemos organizado nosotros la misa —aunque sí lo hayamos hecho formalmente en un culto de acción de gracias, por ejemplo—, sino que es Dios el que llama a su pueblo y lo congrega en asamblea (ese es, en último término, el significado etimológico de la palabra iglesia).

Hasta bien entrado el siglo XX, los sacerdotes no podían oficiar si no había pueblo fiel a su espalda. Aunque fuera un solo monaguillo que se sabía las respuestas de las rúbricas en latín. A san Carlos de Foucauld, ermitaño en el desierto del Sahara argelino, por ejemplo, tuvo que dispensarlo el Papa para poder oficiar la eucaristía, aunque no tuviera a nadie a quien dar la comunión. Y todavía hoy se imponen cautelas canónicas de modo que a los sacerdotes no les es dado celebrar en solitario la Cena del Señor del Jueves Santo ni la vigilia pascual en la noche del Sábado Santo.

Había algo que unía, de alguna manera, la iglesia (asamblea) cristiana con la sinagoga judía, pues la celebración del *sabbath*, por ejemplo, no comienza si no se hallan reunidos al menos una decena de varones adultos (mayores de 13 años, para entendernos). Pero si es Dios quien llama a su Iglesia, la cosa cambia. Y de qué manera.

Del mismo modo que Yahvé ordenó a Moisés reunir al pueblo elegido en asamblea para revelarse a Israel, Dios llama a su Iglesia peregrina en la tierra para revelarse a sus elegidos bajo las especies eucarísticas. En el monte Horeb, era la nube la que impedía apreciar la imagen del Dios hebreo; en el monte elevado del presbiterio de nuestros templos, es el pan y el vino consagrados los que nos impiden apreciar sensiblemente la presencia real y verdadera de Cristo sobre el altar.

Los fieles, convocados formalmente con el tañido broncíneo de las campanas, entran desde ese momento en otra dimensión que no se ve con los ojos ni se percibe con los oídos, pero que la liturgia (literalmente, la acción del pueblo) explica: se unen a una liturgia perpetua de alabanza que tiene lugar en los cielos sin interrupción, donde moran los santos que disfrutan de la gloria de contemplar el rostro de Dios cara a cara. Esto suena muy apocalíptico (en el sentido revelador del último libro de la Biblia), pero por tanto, es así. Ya habrá ocasión, más adelante, de explicar cuándo y cómo se nos hace evidente que los fieles de la misa se unen a los coros celestiales, pero de momento, quedémonos con que es Dios quien nos llama a participar en el oficio divino, «opus Dei», de la eucaristía.

2
A qué hora es la misa

El lector avezado habrá advertido que la pregunta que encabeza este capítulo lleva implícita la concurrencia de varias celebraciones eucarísticas el mismo día. Singularmente el que, desde los tiempos de las primeras comunidades cristianas, se viene llamando el día del Señor, el primer día de la semana, aunque en nuestros calendarios figure como el último: esto es, el domingo.

Pero piense ahora ese mismo lector en muchísimas comunidades parroquiales en las que se celebra una única eucaristía el domingo y fiestas de guardar el precepto. O aquellas otras —no solo en aldeas remotas de las intrincadas selvas tropicales— en las que la presencia de un sacerdote se toma como un suceso extraordinario ya que la mayoría del tiempo tienen que conformarse con una liturgia de la Palabra y el reparto de la comunión de la reserva. O que sobrevive —no hay que remontarse a la épica historia del cristianismo en Japón— sin celebrar la misa más que en contadísimas ocasiones especiales.

Bien, admitamos que la oferta de servicios religiosos en una gran ciudad nos permite —concédame el lector que insista en el privilegio que ello supone— elegir el horario para acudir a la misa que mejor nos cuadra: las hay muy de mañana, habitualmente en los conventos de clausura, y las hay bien entrada la noche, casi «a deshoras», como señalaban los azulejos indicando dónde pedir los sacramentos para los moribundos.

Pongamos la misa dominical de doce, que era la más habitual en la geografía española hasta que la luz eléctrica en las casas distorsionó el ocio y el descanso. Tan clásica, que la primera película del cine español —o, al menos, así se ha tenido por pionera— es una filmación de apenas un minuto de duración con la salida de misa de doce de la basílica del Pilar de Zaragoza en 1897.

El mediodía marcaba una frontera difícil de superar para convocar una misa porque hasta hace varias décadas, se le imponía al comulgante la obligación de ayunar desde la medianoche hasta haber recibido la comunión. Por eso se tenía en mucha estima que se celebraran cuanto más temprano, mejor, para desayunar después. Como el clásico chocolate y bollos con que se festejaba antaño la primera comunión de los niños: es que no habían comido —y en algunos casos, ni bebido— nada desde la noche anterior.

En la actualidad, lo que se dispone es que el ayuno eucarístico —exceptuada el agua y las medicinas— se respete desde una hora antes del horario establecido para el inicio de la celebración.

El mediodía marca igualmente la frontera temporal para oficiar la misa vesperal. ¿Qué es esto? Seguro que con un refrán se capta mejor la idea en sentido contrario: «Fiestas de mucho, vísperas de nada». Porque se asume que los días señalados tienen vísperas en los que empieza a celebrarse la fiesta.

Los domingos y algunas solemnidades —fiestas muy grandes— tienen vísperas, lo que significa que las lecturas y las oraciones de la celebración eucarística se imponen a la del día correspondiente. Por eso puede el lector cumplir con el precepto dominical acudiendo a misa el sábado por la tarde: no se equivoca, va a participar exactamente en la misma misa dominical.

Esta norma general tiene sus excepciones. Hay días en el año que son tan grandes para la fe cristiana que el horario de las misas viene fijado sin posibilidad de modificación. Por ejemplo, en las jornadas del Triduo Pascual (Jueves, Viernes y Sábado Santo) sólo se oficia en un único horario en cada templo o parroquia.

El caso contrario lo representa la Navidad. Hay misa de vigilia, misa de medianoche (la que todos conocemos como del gallo), misa de la aurora y misa del día. De esta manera, se quiere subrayar la importancia de la solemnidad. Es innegable el dinamismo que la propia liturgia imprime a una celebración que, por desconocimiento, solemos ver como inamovible, repetitiva y recurrente.

Nada más lejos de la realidad. Decimos que la misa actualiza la pasión, muerte y resurrección de Nuestro Señor, puesto que toda la liturgia de la Iglesia se orienta al triduo pascual, convertido en la clave del arco de nuestra fe. Por eso decimos que se trata de un memorial, que no es exactamente «hacer memoria». O no exclusivamente. Hacemos memoria de un hecho histórico sobre el que no hay dudas: Jesús el Nazareno murió en la cruz en tiempos de Poncio Pilato.

Pero esa muerte histórica, de un tiempo pretérito, llega hasta el altar de nuestra eucaristía para que nosotros mismos padezcamos, muramos y resucitemos con Cristo, primogénito de la nueva Creación. La misa consigue traer a nuestro tiempo presente todo aquello sucedido en Jerusalén dos mil años atrás, no con gusto por el pasado, sino para lanzarnos al futuro: a la vida eterna.

La misa —cualquier misa, por humilde que nos parezca, por muchos trompicones que den los lectores, por poco elocuente que nos parezca la homilía, por muy desafinado que cante el coro— encierra en sí misma un misterio del tiempo: viene del pasado, se hace presente y nos empuja a la vida futura. Oscila entre el «ya» y el «todavía no» en que se mueve el tiempo de la Iglesia peregrina en la tierra. Ya estamos en los últimos días, pero todavía no es el fin del mundo en que todas las cosas se han de recapitular en Cristo resucitado cuando vuelva a la tierra en majestad y gloria.

La misa es un paréntesis en movimiento. Diríase que el tiempo se suspende durante su celebración, porque nos unimos a la liturgia permanente en los cielos en honor de quien es dueño del tiempo, pero a la vez no dejan de transcurrir los minutos. La próxima vez que te plantees a qué hora es la misa, piensa que en el reverso del tablón de anuncios con los horarios está escrita nada más y nada menos que la historia y el porvenir de tu salvación.

3
Dónde nos ponemos

Se acerca el terrible dilema de decidir dónde sentarnos para la misa. Uf, eso requeriría de todo un manual práctico para no verse, a la vez, sometido al escrutinio ajeno pero lo suficientemente cerca del presbiterio como para no perder detalle. Claro, eso suponiendo que uno está familiarizado con la ceremonia y sabe orar con el cuerpo. Dicho así suena hasta cursi, pero básicamente se traduce por cuándo arrodillarse, cuándo ponerse en pie y cuándo sentarse. Por no complicar la cosa con otros gestos corporales que acompañan determinadas oraciones para impetrar determinada gracia.

Personalmente, me mueve a compasión el mal trago por el que pasan los deudos del fallecido en una misa funeral en el caso de que estén alejados de la Iglesia o no estén muy familiarizados con la liturgia eucarística. Sentados en la primera fila sin posibilidad de escapatoria, sin referencia en la que fijarse, se levantan a destiempo o no saben qué hacer ni qué decir. Y no hay manera de soplarles, porque no hay apuntador como en el teatro, a pesar de que la propia Instrucción General del Misal Romano, en su punto 385, establece:

«Tengan además los pastores especial consideración por aquellos que, con ocasión de las exequias, están presentes en las celebraciones litúrgicas o escuchan el Evangelio y sean acatólicos, o católicos que nunca o casi nunca participan en la Eucaristía, o también que parece han perdido la fe: los sacerdotes son ministros del Evangelio de Cristo para todos».

Las misas exequiales darían para un libro propio, porque son tan prolijos los usos y costumbres, que además varían de un pueblo a otro, que conviene estar advertido para no columpiarse: hay sitios donde sólo las mujeres entran al oficio mientras los varones esperan fuera; otros, donde es todo lo contrario y sólo los hombres acompañan el último recorrido del finado mientras las mujeres aguardan en la casa; unos en los que el pésame se da dentro de la iglesia y otros, donde esta ceremonia social se saca de la iglesia, etcétera.

Esto de la división por sexos viene de antiguo. Era costumbre arraigada en muchas partes que las mujeres ocuparan los bancos de la nave del Evangelio mientras los varones se sentaban en los de la nave de la Epístola. Se trataba de un hermoso gesto de deferencia con quienes se convirtieron en los primeros testigos de la Resurrección de Cristo: las mujeres. Ese recuerdo dictaba la separación de sexos en la asamblea.

El lado del Evangelio y el lado de la Epístola son dos hermosas formas de referirse al lado izquierdo y al derecho, respectivamente, mirados desde los pies de la iglesia en dirección al altar en las iglesias de planta basilical o de cruz latina. Está tan asumida esta forma de referirse a los lados de un templo que se sigue usando incluso en aquellas iglesias de planta en forma de hemiciclo.

Tampoco ha variado la orientación de la cabecera del templo, siempre hacia el sitio por el que sale el sol, esto es, a Oriente. El templo cristiano no está referenciado a ningún lugar físico (ni Jerusalén ni Roma, para entendernos), sino al sol que nace de lo alto —y por tanto no tiene ocaso—, que es Cristo resucitado. Por eso, todas las iglesias tienen los pies orientados a Poniente y el presbiterio (donde se colocan los oficiantes) hacia el Este.

Lo más normal es que el ambón desde el que se proclaman las lecturas esté situado a la izquierda del templo según se mira el retablo principal, en el lado del Evangelio. En teoría, está reservado para la proclamación exclusiva de los textos sagrados de la Escritura y todas las demás rúbricas de la misa deberían seguirse desde un atril en el lado opuesto.

Las iglesias no siempre tuvieron bancos como los que ahora usamos. Grabados y estampas costumbristas del siglo XIX nos muestran que las mujeres solían estar sentadas con sillas y reclinatorios (o una sabia combinación de ambos muebles) traídos de casa en tanto que los hombres permanecían de pie al fondo del templo.

En esas épocas también puede datarse otro uso social hoy felizmente abolido y contra el que previene expresamente la Instrucción General del Misal Romano, que viene a ser como el libro de instrucciones para celebrar el sacrificio incruento de la misa: la reserva de asientos en los primeros bancos para las familias pudientes y principales de la comunidad, que de ese modo podían exhibir sus ropas lujosas y su porte a la mirada de sus convecinos.

Nada de eso, gracias a Dios, sucede ahora: la misa es una convocatoria de comunión en la que a todos los hermanos que participan fraternalmente se les debe la misma consideración. Nadie hay por encima de nadie a los ojos de Dios. La asamblea litúrgica es el lugar donde florece el Espíritu Santo. No asistimos a un espectáculo, sino participamos de una celebración en la que nadie sobra.

Lo que hemos ganado por ese lado, lo hemos perdido —sí, esa es la expresión correcta— por la cercanía al presbiterio. Qué terribles esas celebraciones en las que nadie quiere ocupar los primeros bancos y se establece una tierra de nadie entre el altar y los fieles, como si nadie quisiera señalarse ante los demás por temor a equivocarse o a no saber actuar en cada momento como es debido. Ahí chocamos con los respetos humanos, esos de los que se ríe abiertamente el Espíritu Santo, pero que tanto dictan las condiciones en que se celebra el sacramento que es fuente y culmen de la vida cristiana.

Hay una advertencia que es de sentido común, pero que tiene otras implicaciones de más hondo calado mistagógico, aunque la digamos con la expresión pedestre del refranero: «El que llega tarde, ni oye misa ni come carne». Es decir, que quien llega antes elige dónde sentarse. Parece obvio, pero no lo es. La misa es una asamblea a la que Dios nos convoca y que no da inicio hasta que estamos reunidos todos, pero esto se hace especialmente irritante cuando siguen llegando personas una vez iniciada la celebración.

Realmente, aunque tú mismo no lo creas, eres importante para la comunidad que celebra la fe unida. Porque tu hueco no lo va a ocupar nadie: a los ojos de Dios, eres tan amado que no deberías perderte ninguna ocasión de unirte a los coros celestiales para dar culto al Creador. Así que ocupa tu asiento porque nadie lo va a ocupar por ti.

Por no hablar de esos culos inquietos que van probando un montón de bancos hasta que dan con el que reúne todas las condiciones idóneas. Y como cada uno tiene las suyas propias, no hay manera de dictar una norma común.

Aun así, convendría tener alguna consideración con los demás fieles con los que compartimos la ceremonia: si vas con niños pequeños, sitúate cerca de la puerta por si la criatura se pone impertinente y hay que distraerla; si no puedes arrodillarte en el momento de la consagración, colócate de modo que obstaculices lo mínimo indispensable la visión del altar a quienes están detrás; si estás impedido o tienes dificultades para moverte, sigue la misa lo más cerca posible del presbiterio para que a la hora de comulgar no tengas que hacer un gran desplazamiento…

Pero, por encima de todo, como decía san Pablo, la caridad, que es el ceñidor de la unidad consumada.

Caridad para entender al niño que alborota, para ceder el paso a esos que tienen que ser los primeros en comulgar, para hacer hueco en el banco cuando están todos los asientos repletos, incluso para cambiarse del sitio de costumbre si lo encontramos ya ocupado. De hecho, lejos de ser un capricho, cambiar de lugar en el templo es un buen ejercicio de perspectiva para descubrir ángulos inéditos y para ampliar el propio horizonte. No sólo estoy hablando de la mirada física sino, esto es más importante, de la espiritual.

Bueno, si ya estamos todos recogidos en nuestro sitio, ya puede comenzar la misa...

4

Una procesión para empezar

En un teatro, sabemos cuándo empieza la función: cuando se alza el telón. Ese momento marca el inicio de la representación; a partir de ahí sabemos que estamos asistiendo a algo que no es real, sino un drama, que etimológicamente tiene el significado de actuación. Los actores de ese drama se mueven y hablan conforme a unas instrucciones que ha escrito el dramaturgo y supervisa el director.

Las cosas en misa son radicalmente distintas. Porque no estamos ante una representación, ni siquiera de carácter simbólico. El oficiante, los acólitos y lectores o el coro no están actuando: ni siquiera las especies eucarísticas «representan» el cuerpo y la sangre de Cristo. Es que lo son, lo contienen real y verdaderamente junto con su alma y su divinidad. De acuerdo, pero de alguna manera tiene que empezar la eucaristía…

Para eso está la procesión de entrada. No es lo común domingo a domingo, pero así se hace en las celebraciones de mayor solemnidad o cuando las preside un obispo, por ejemplo. Otro caso es el Domingo de Ramos, cuando es el pueblo santo de Dios el que entra jubiloso con vítores y palmas en el templo haciendo memoria de la triunfal entrada en Jerusalén que describen los evangelistas.

Una procesión para empezar. Como un trasunto de la propia vida: nuestra existencia terrenal es una peregrinación hacia la vida eterna, estamos de paso mientras estamos vivos para gozar perpetuamente de la presencia de Dios por su misericordia. Qué manera más bella de subrayar ese peregrinaje como una procesión en la que vamos todos, del primero al último.

Por cierto, ¿quién ha de ser el primero y quién el último de esa procesión de entrada? La abre la cruz parroquial, imagen de Cristo en la cruz a quien seguimos. Y la cierra el ministro ordenado para administrar el sacramento, como buen pastor que cuida de su rebaño. En misa, es el sacerdote quien preside la celebración de la eucaristía. En una boda, por ejemplo, son los propios contrayentes, puesto que son ellos mismos los ministros del sacramento del matrimonio.

Ese momento de la entrada en el seno maternal de la Iglesia —como Jesús le explicó a Nicodemo en el capítulo 3 del Evangelio de san Juan— rememora el éxodo del pueblo de Israel, sacado de la esclavitud en Egipto por el brazo poderoso de Yahvé. La asamblea que toma parte en la procesión de entrada es sólo una porción de esa Iglesia militante que camina junta en pos de la patria celestial, donde se da cita la Iglesia triunfante que ya disfruta del rostro de Dios.

Lo mismo que los israelitas sobreviviendo al éxodo por el desierto alimentados graciosamente por la mano de Dios con el maná, los fieles que se aproximan al presbiterio van a ser alimentados gratuitamente por la mano de Dios con el Cuerpo de su Unigénito, como viático para soportar este trayecto sobre la tierra hasta que podamos entrar en la Jerusalén celeste.

El lector avezado habrá descubierto que nos alejamos del teatro con el que arrancaba este capítulo, a cada paso que damos, o sea, con cada párrafo que lee. Porque es tan rico el significado de esa procesión de entrada que no conviene perderlo de vista: en ese mínimo itinerario desde la sacristía hasta el altar está contenida la explicación del rito que estamos próximos a realizar.

La fuerza mistagógica —la capacidad de introducirnos en el misterio que se nos presenta en la acción litúrgica— está contenida en la propia liturgia, de modo que llegamos a comprender el significado que se nos escapa a través de la propia participación en comunión con los hermanos que también caminan con nosotros y de los que ya están en el cielo alabando de manera permanente a Dios.

Decía san Ignacio que el hombre es creado para tres cosas: alabar, servir y hacer reverencia a Dios y, de este modo, salvar su alma inmortal. La misa es alabanza, es servicio a los hermanos y es acogida de la misión que la voluntad del Padre manifiesta para cada persona. Todo eso sucede en la liturgia eucarística casi sin que nos demos cuenta. Como esa procesión que se encamina al altar y que lo reverencia de modo tan profundo que el que preside y sus concelebrantes lo besan nada más acercarse al presbiterio.

Es un beso de amor. En un tálamo nupcial. Como la esposa dirige al esposo en la cama donde yacen juntos —el tono explícitamente erótico es intencionado— como una sola carne que son. La Iglesia, esposa de Cristo, besa a su esposo en el altar donde se van a oficiar las bodas del Cordero inmolado de manera harto elocuente, aunque sin que salpique la sangre.

Por eso en una misa todas las miradas se dirigen al altar. Porque allí está Cristo, sacerdote, víctima y altar de su propio sacrificio redentor. Incluso las reverencias deben hacerse al ara sobre el que se oficia el sacrificio puesto, que desde ese momento se convierte en el *Aleph* (los lectores aficionados a Borges sabrán descubrir la referencia literaria), la primera letra del abecedario judío que contiene en sí mismo todo el tiempo y el espacio. ¿A ver en qué teatro sucede tal cosa?

En algunos monasterios, antes de comenzar la misa, se vela el sagrario tras una cortinilla para que los fieles se «olviden» de la presencia del Cuerpo de Cristo en el tabernáculo y dirijan toda su atención al altar donde se va a celebrar la eucaristía. En las iglesias posconciliares, esta dualidad se resolvió eliminando la alineación del sagrario con el eje principal del templo en el que obligatoriamente se sitúa el altar.

¿Qué más sucede digno de mención en esa procesión en la que, mientras, se canta? El diácono o el lector instituido porta en sus manos, por encima de la cabeza haciendo ostensión clara, el Evangeliario, donde están contenidas las lecturas del Evangelio de cada día. Llegado al presbiterio, lo deposita en el altar para que la Palabra (por antonomasia, la de Jesucristo contenida en los evangelios) se haga carne para ser comida. El «verbum caro factum est» cobra aquí un especial significado por cuanto el Verbo divino se coloca sobre el altar donde va a tener lugar su consagración, su fracción y su reparto a los fieles.

¿No resultan asombrosos, uno a uno y todos tomados a la vez, los gestos de la liturgia que nos invitan a entrar en el misterio insondable de la eucaristía?

5
Cómo hay que vestir

Antes de que el chándal y las prendas deportivas se convirtieran en la indumentaria general, la ropa de domingo era la mejor (por nueva o más cuidada) que cada familia tenía en el armario. De punta en blanco, se decía, para referirse a la ropa dominguera. Aunque se tratara de una camisa blanca impoluta, blanqueada con añil en el tendedero, los fieles tenían conciencia de que debían ofrecer su mejor versión (empezando por el vestuario) cuando acudían a la misa dominical. También, claro está, porque todas las miradas se concentraban en el recinto sagrado bajo el escrutinio implacable del resto de la comunidad.

Esa costumbre se perdió hace algún tiempo y, a cambio, proliferan en las puertas de las iglesias los recordatorios y recomendaciones en el vestir para turistas que entran a un recinto sacro, con la presencia inefable en el sagrario, como quien va a la playa. O peor aún, los que tienen que subir al presbiterio por algún motivo con camisetas con mensajes explícitos que chirrían, no ya con la solemnidad que se debe a la misa, sino a la propia doctrina social o moral de la Iglesia. Ay, esos colgantes de calaveras o esas frases pretendidamente ingeniosas en otro idioma que se vuelven como un bumerán contra quien se coloca frente a la asamblea: sus palabras dicen una cosa y sus fachas dicen otra incluso radicalmente opuesta.

Por no meternos en camisas de once varas —ya que estamos hablando de ropa, al fin y al cabo— de los modelitos para celebraciones sociales como comuniones y bodas… En fin, dejemos aquí apuntado el rubor que invade a veces al sacerdote ante el escote pronunciado e impronunciable de la novia, émula de Gilda.

El contraste entre la indumentaria de la asamblea y la del oficiante se hace disonante en tales casos. También en las misas veraniegas o en puntos costeros, donde el uso social relaja las normas consuetudinarias en el vestir: hay una falta de sintonía clarísima entre los fieles que calzan chanclas, por ejemplo, y los sacerdotes que obligatoriamente han de revestirse para la ceremonia.

Porque los celebrantes se revisten para la ocasión. Con un sentido litúrgico que tiene además un sentido mistagógico. El sacerdote viste el alba, que es una vestidura talar blanca, ceñida (con la importancia que este verbo tiene en la Biblia y en boca de Jesús) por un cíngulo también blanco que evoca el vestido nuevo con que el padre misericordioso ordenó vestir al hijo pródigo a su vuelta al hogar paterno.

Por debajo de esta sotana blanca, el presbítero usa el amito, un lienzo cuadrado del mismo color que viste sobre la espalda y los hombros para cubrir el alzacuellos o cualquier prenda de uso civil que porte el ministro. ¿Por qué blanco? Porque es el color refulgente de quienes han lavado sus vestiduras en la sangre del Cordero, como leemos en el Apocalipsis. O sea, que ese blanco nuclear es en realidad púrpura como la sangre derramada para la redención del género humano. Puro blanco es el color de la ropa de cristianar, así como el del traje de novia.

Pero volvamos a la vestidura sacerdotal. Por encima del alba se coloca la estola, que es esa banda de tela alrededor del cuello para que ambos extremos caigan por debajo de la cintura en el caso de los sacerdotes, o cruzada sobre el pecho y recogida en la cadera en el caso de los diáconos. Recuerda vagamente el gesto de cargar con la oveja perdida que tenemos presente en la iconografía del Buen Pastor, por ejemplo, pero su simbolismo va mucho más allá.

La oración que el ministro ordenado musita cuando procede a vestirla nos da idea del significado oculto de esta prenda: «Devuélveme, Señor, la estola de la inmortalidad, que perdí con la prevaricación del primer padre, y aun cuando me acerque, sin ser digno, a celebrar tus sagrados misterios, haz que merezca el gozo sempiterno». Revestirse, de inmortalidad en este caso, es mucho más que echarse ropa ceremonial encima.

¿Y de qué color? Ah, del mismo que la casulla, que es la prenda principal del oficiante en la eucaristía. La casulla tiene una abertura por la que se pasa la cabeza, quedando los brazos escondidos bajo los pliegues amplios de la vestidura sagrada típica de la eucaristía.

La casulla «recoge» al oficiante de la misa como una capillita andante, tal es su función. Su significado lo describe Benedicto XVI en una homilía de la misa crismal del Jueves Santo de 2007: «La oración tradicional cuando el sacerdote reviste la casulla ve representado en ella el yugo del Señor, que se nos impone a los sacerdotes». Y continúa con esta hermosa explicación: «Llevar el yugo del Señor significa ante todo aprender de él. Estar siempre dispuestos a seguir su ejemplo. De él debemos aprender la mansedumbre y la humildad, la humildad de Dios que se manifiesta al hacerse hombre. (...) A veces quisiéramos decir a Jesús: "Señor, para mí tu yugo no es ligero; más aún, es muy pesado en este mundo". Pero luego, mirándolo a él que lo soportó todo, que experimentó en sí la obediencia, la debilidad, el dolor, toda la oscuridad, entonces dejamos de lamentarnos. Su yugo consiste en amar como él. Y cuanto más lo amamos a él y cuanto más amamos como él, tanto más ligero nos resulta su yugo, en apariencia pesado».

Pero seguimos sin decir de qué color. Este va en función del tiempo litúrgico, la festividad concreta de ese día y el carácter del oficio de que se trate. El blanco es propio del tiempo de Pascua y de Navidad, así como de fiestas del Señor, de la Virgen, de los santos que no sufrieron martirio y de confesores y vírgenes; el verde es el común de los domingos del tiempo ordinario; el rojo pasional se usa el Domingo de Ramos, el domingo de Pentecostés y en las fiestas de santos mártires, así como en las confirmaciones; el morado se reserva para los tiempos fuertes de preparación como son el Adviento y la Cuaresma, además de los oficios de difuntos.

Quedan otros dos colores para casullas, cuyo uso está muy limitado. El rosa sólo puede emplearse los domingos de *Gaudete* y *Laetare* (en mitad del Adviento y de la Cuaresma, respectivamente) como un alivio esperanzado de la preparación ascética para Navidad y la Pasión. Y el celeste es privilegio del clero español para celebrar el día de la Inmaculada y su octava por la defensa del voto concepcionista que siempre encontró eco en nuestro país.

¡Cuánta belleza se esconde entre los ropajes de los celebrantes como para malbaratarla acudiendo de trapillo a la misa del domingo!

6
Un aroma agradable a Dios

Si se trata de una misa solemne, lo primero que hará el oficiante es incensar. Se le acercará un turiferario (se llama así al que porta el incensario) y le presentará el objeto para que derrame el incienso sobre las brasas y haga mucho humo, con el riesgo de que los detectores a que obliga la normativa contra incendios en los edificios de nueva construcción disparen las alarmas.

Pero es que el acto de incensar es muy anterior a los *sprinklers* que rocían agua desde el techo cuando intuyen que el inmueble puede estar ardiendo a tenor del humo. El incienso ha sido durante milenios la forma en que el hombre se relacionaba con la divinidad. Como el aire caliente es menos denso y asciende, el humo del incienso tenía la facultad de conectar mistéricamente este mundo y el sobrenatural. La ofrenda que se quemaba en el altar del sacrificio ascendía al cielo llevando consigo los anhelos de quienes la habían donado en favor de la divinidad.

A ella se reservaba ese olor agradable a Dios como dice el Levítico: «Es un holocausto, una oblación de suavísimo aroma que aplaca al Señor». Esa idea la retomará san Pablo en su segunda epístola a los corintios: «Porque somos incienso de Cristo ofrecido a Dios, entre los que se salvan y los que se pierden: para unos, olor de muerte que mata; para los otros, olor de vida, para vida».

Así que esa vaharada que sale del turíbulo (así se llama el incensario) está conectando nuestra misa con el culto a Dios del Antiguo Testamento y el sacrificio ritual que los sacerdotes llevaban a cabo en el templo. Pero si uno no tiene ganas de meterse en ese berenjenal, puede quedarse mirando al techo contemplando cómo ascienden las volutas de humo. Para eso están.

Quiero decir que el incienso nos hace mirar hacia el celeste. Y no es distracción en este caso. Esa primera acción del celebrante en la misa nos conecta con un orden sobrenatural, aunque sea de manera figurada. Nos hace comprender que la celebración eucarística no es ninguna ceremonia a la medida humana, hecha de convenciones que nos hemos ido dando, sino un culto a Dios al que se vuelve nuestra mirada cada vez que asciende el humo incensado.

Nos pone en relación con esa liturgia constante y perpetua que se celebra en los cielos y a la que nosotros nos unimos humilde e imperfectamente. Sucede, sin embargo, con el incienso y su progresiva mercantilización, que hemos terminado por vaciarlo de contenido mistagógico.

Literalmente, se puede comprar en cualquier esquina y cualquiera puede ponerlo a quemar para perfumar el ambiente en el hogar o en el puesto de trabajo.

Nada malo hay en ello si somos conscientes de que ese humo con olor a vainilla, a canela, a sándalo o a tomillo (y cuantas variedades combina la imaginación de los mercaderes) ha sido y sigue siendo desde siempre un vehículo privilegiado para entrar en la presencia de Dios.

Hay tres momentos en los que se inciensa durante una misa. Al comienzo de esta, el sacerdote dirige el incensario por tres veces hacia donde está la cruz, las imágenes sagradas y el altar. Luego, antes de proclamar el Evangelio, las tres veces sobre el Evangeliario, que es el libro que contiene la Palabra. Y finalmente, durante la presentación de las ofrendas.

Cada uno de estos gestos nos está indicando la naturaleza especial de todo aquello en lo que advertimos una presencia de Dios. Por supuesto, la cruz y las imágenes (el Cristo crucificado y la Virgen); el altar sobre el que va a desarrollarse el sacrificio incruento; las mismas ofrendas de pan y vino que se van a convertir en cuerpo y sangre de Cristo; el ministro principal y los concelebrantes, que asumen la persona de Cristo como si fueran sus propias manos las que consagran; y… ¡nosotros mismos!

Así que, a nosotros, vestidos para la ocasión, también nos inciensa el acólito cuando ha terminado la presentación de las ofrendas sobre el altar y antes de dar comienzo la plegaria eucarística. Puestos en pie, respondemos a la inclinación de su cabeza con el mismo gesto de la nuestra, y dejamos que el incienso reservado a Dios nos perfume a nosotros, con nuestras limitaciones, nuestras carencias y nuestros pecados perdonados.

No hay que pensar en el famoso botafumeiro de la catedral de Santiago, que además cumplía históricamente la función de reducir la pestilencia que traían los peregrinos después de jornadas por los caminos sin hacer uso del agua corriente, sino en un hermoso gesto que pone de relieve que la asamblea reunida para la misa forma parte del cuerpo místico de Cristo que es la Iglesia y, como tal, también en él está presente la divinidad.

Todavía queda un golpe más de incienso, durante el momento de la consagración, con el acólito de rodillas soltando el turíbulo por tres veces en dirección a la hostia y al cáliz, que contienen a partir de ese momento real y verdaderamente el cuerpo y la sangre de Cristo.

7

En el nombre del Padre, del Hijo y del Espíritu Santo

Haya o no monición de entrada, la eucaristía se inicia con un saludo trinitario: en el nombre del Padre, del Hijo y del Espíritu Santo, que pronuncia el ministro que preside la celebración y toda la asamblea se santigua con la mano derecha desde la frente al esternón y de ahí a ambos hombros empezando por el izquierdo hasta completar una cruz. Es la manera más simple de reconocernos cristianos, adoradores de un Dios uno y trino: nos bautizaron con esa misma triple invocación mientras el agua purificadora caía sobre la cabeza del neófito. Y, allí donde hay pila de agua bendita, habremos repetido ese mismo gesto al entrar en el templo.

Ese habrá sido un gesto individual, pero ahora es colectivo: es la propia comunidad orante la que lo lleva a cabo para expresar desde el primer momento la comunión de gestos que debe acompañar cada celebración: todos nos movemos al unísono como un solo cuerpo, ya toque permanecer en pie, sentarse o arrodillarse. Toda esa «coreografía», que tanta confusión suscita en quienes no están acostumbrados, habla de forma evidente de la unidad a la que aspiramos entre todos los que participamos. Será interesante volver sobre este concepto cuando introduzcamos el concepto de epíclesis o descenso del Espíritu Santo que se produce en cada eucaristía. ¡Como para decir que no has visto un milagro en tu vida!

Tres personas y un solo Dios verdadero, el misterio de la Santísima Trinidad tan inabarcable como insondable. El prefacio de la solemnidad del domingo de la Santísima Trinidad (el inmediato posterior a Pentecostés), lo expresa de modo admirable: «Que con tu Hijo unigénito y el Espíritu Santo eres un solo Dios, un solo Señor; no en la singularidad de una sola Persona, sino en la Trinidad de una sola naturaleza. Y lo que creemos de tu gloria porque tú lo revelaste lo afirmamos sin diferencia de tu Hijo y del Espíritu Santo. De modo que, al proclamar nuestra fe en la verdadera y eterna Divinidad, adoramos tres Personas distintas, de única naturaleza e iguales en dignidad».

Cada vez que nos signamos (persignarse es el gesto de hacer tres cruces sobre frente, boca y corazón mientras se dice «por la señal de la santa cruz» que en latín se traduce por «per signum», de ahí la palabra que designa esa acción), estamos recordando nuestro bautismo.

Ese saludo con el que se inicia la misa quiere dejar claro que nada de cuanto hacemos es iniciativa propia, sino inspiración de la Trinidad. En efecto, nuestra asamblea litúrgica quiere reproducir en la tierra la comunión intratrinitaria infinita y permanente que se da en el cielo entre las tres personas divinas. Vamos en la misa al encuentro de Dios en la persona de su Hijo, Cristo Jesús, cuya encarnación, sacrificio redentor y gloriosa resurrección vamos a conmemorar.

Santiguarse es la forma más sencilla de expresar nuestra fe en la salvación que Cristo vino a traer para mí con su muerte en la cruz, que ahora yo evoco sobre mi cuerpo. Si fuéramos espíritus celestiales, nos santiguaríamos en el aire, pero somos hombres —«poco inferior a los ángeles», dice el salmista y repite el autor de la epístola a los hebreos— dotados de corporeidad. La carne es el quicio de nuestra salvación, en afortunada expresión de Tertuliano: nacemos con un cuerpo, que se deshace tras la muerte, pero que resucitará —no sabemos de qué modo— el día del Juicio Final. Todo eso está contenido en el que muchas veces consideramos trivial gesto de signarse.

La señal de la cruz tiene también una lectura cósmica. Nos adentramos, al inicio de la eucaristía, en otra dimensión en la que nuestra razón pierde pie. San Ireneo de Lyon, a finales del siglo II, nos dejó una interpretación preciosa del madero en el que estuvo colgada la salvación del mundo: el crucificado es la Palabra de Dios Todopoderoso, que con su presencia impregna nuestro universo, como nos aclara al comienzo de su Evangelio el apóstol Juan: «En el principio era el Verbo, el Verbo estaba en Dios y el Verbo era Dios».

Y sigue diciendo Ireneo: «Y por eso abarca todo el mundo, su anchura y su longitud, su altura y su profundidad; porque por medio de la Palabra de Dios, todas las cosas son conducidas al orden. Y el Hijo de Dios está crucificado en ellas, al estar impreso en todo, en forma de cruz».

A continuación, el sacerdote que preside la asamblea usará alguna fórmula más o menos alambicada para dirigir un saludo litúrgico del tipo de «el Señor esté con vosotros» a lo que los presentes responden «y con tu espíritu». El Papa Francisco habla de que en ese saludo inicial y esa respuesta «estamos entrando en una sinfonía» con muchas voces (cada uno la suya propia, por eso hay que responder, porque en una orquesta cada instrumento tiene que hacerse oír cuando el director le da participación) «para crear el acuerdo entre todos los participantes, es decir, reconocerse animados por un único Espíritu y un único fin».

La Ordenación General del Misal Romano dice que «con este saludo y con la respuesta del pueblo se manifiesta el misterio de la Iglesia congregada». No es el eco de la propia voz del sacerdote, sino una expresión individual que toma forma colectiva al coincidir todos los presentes en las palabras de respuesta.

Si nadie respondiera a esa fórmula del oficiante, no habría misa con fieles y el propio celebrante tendría que responderse a sí mismo para que no cayera en el vacío su saludo inicial, respondido de forma unánime: si cada uno dijera lo primero que se le ocurriese, aquello sería un guirigay (también es posible ensalzar a Dios en tal confusión de lenguas y alabanzas personales, ojo), pero no lo que entendemos por misa.

La propia pedagogía litúrgica (eso viene a ser la mistagogía) nos va descubriendo el camino para entrar en comunión desde el primer momento de la celebración sacramental.

8
Perdón y gracias

Al inicio de la eucaristía, el celebrante nos invita a confesar nuestras culpas. Bueno, a Moisés, la zarza ardiente en el Sinaí, lo invitó a descalzarse. Aunque no nos lo parezca, se trata del mismo gesto, aunque la recitación del «Confiteor» resulte, de largo, menos engorroso que quitarse los zapatos y subir al monte santo donde se manifiesta la gloria de Dios. Habla de la disposición interior y su manifestación externa para acercarse a donde está el Señor.

El salmo 24 (23) se pregunta: «¿Quién puede subir al monte del Señor? ¿Quién puede estar en el recinto sacro?» Y se responde a renglón seguido: «El hombre de manos inocentes y puro corazón, que no confía en los ídolos ni jura con engaño».

Por eso mismo está puesto el acto penitencial al inicio de la misa. Se trata de un rito de purificación interior, que limpia el alma con una confesión individual hecha en comunidad. Y ese detalle tiene más importancia de lo que aparenta. La Iglesia manda estar en gracia (absuelto de los pecados dichos al confesor) para recibir la comunión, y aunque el fiel se haya confesado minutos antes de que comience la eucaristía, tiene que recitar esta confesión de culpa de pensamiento, palabra, obra y omisión. ¿No es contradictorio?, ¿no deberían quedar exentos los recién confesados?

No se trata de eso. Sino de reconocernos igual de pecadores que quien tengo a mi vera en el banco de la iglesia. Ni más ni menos. Cada uno sabe de qué se acusa ante Dios… y ante la asamblea, porque la oración del «Yo confieso» tiene, como la propia cruz, dos dimensiones: vertical en la relación con Dios y horizontal con los hermanos. Rezándola al unísono, con una sola voz, la comunidad está admitiendo su pecado individual a los ojos de los demás.

No es sólo una cuestión que tiene que ver exclusivamente con el Dios de la misericordia inagotable como a menudo escuchamos en el entorno de la Iglesia: «Yo es que prefiero confesarme a solas con Dios». Ya, porque no te atreves a nombrar —el primer acto de autoridad que Dios le concede al hombre es ponerles nombre a los animales del Edén— la manera en que has ofendido al Creador.

Pero en la liturgia penitencial del arranque de la misa estamos colocándonos todos, incluidos el presbítero, en el mismo escalón. No hay nadie que sobresalga: «Yo confieso ante vosotros, hermanos, que he pecado mucho». Como si cada uno le dijera al de al lado: «Soy pecador, pero el Señor me ha salvado».

De continuo estamos señalando a los demás por sus faltas. ¡Se nos da tan bien destacar los defectos de los otros! Y descargamos el dedo acusador sobre el prójimo porque es así y porque es asa o, porque hace esto y dice aquello, por lo de más acá y por lo de más allá: los vestimos de limpio en un minuto. Pero ahora se nos está pidiendo que nos miremos nosotros mismos y le digamos al de al lado algo así como «no tengo ni idea cuáles son tus pecados, pero yo vengo con un zurrón repleto. Y sólo la misericordia de Dios me hace digno de participar en su alabanza».

Es lo que mandaba hacer la *Didajé*, el texto litúrgico más antiguo, fechado en el primer siglo, que conocemos: «El domingo del Señor, estando reunidos, partid el pan y dad gracias, después de haber confesado vuestras culpas para que vuestro sacrificio sea puro».

Estamos igualados, del más santo al más infame, en el pecado. El sacerdote anima a la comunidad a que cada uno mire su interior y descubra la culpa que arrastra. En silencio. Hay que pedirles a los oficiantes que hagan una pausa, por mínima que sea, para la introspección individual antes de recitar el «Yo confieso» para evitar que se trate de una respuesta maquinal, automática, algo que decimos de carrerilla sin haber dirigido esa mirada interior a nosotros mismos.

Hay dos elementos que se hacen presentes por primera vez en la liturgia eucarística durante el rito penitencial. En primer lugar, el silencio. Que es suspensión de palabra dicha… o pensada. Hacer silencio es tanto como acallar los sentidos para recogerse interiormente. Es el primer silencio de la misa, pero no el único. Aquí resulta necesario para calibrar las propias culpas que vamos a confesar en público inmediatamente.

No está lejos de la estructura de las liturgias penitenciales que celebraba el pueblo de Israel: al invitatorio del sacerdote, respondía el pueblo guardando silencio de purificación, antes de lanzarse a confesar para obtener la bendición. Eso mismo es cuanto sucede en nuestro rito penitencial, que puede ser completado con el canto del *kyrie* por ser esta la palabra griega de la siguiente oración que formula el sacerdote con aclamación de la asamblea: «Señor (*Kyrios*) ten piedad (*eleison*)». Son tres invocaciones con otras tantas respuestas, que para eso es el número de la trinidad.

El otro elemento que se introduce con el rezo del «Confiteor» es el lenguaje no verbal, de tanta o más importancia que la oralidad. Cada fiel se golpea el torso con el puño cerrado (tampoco hay que pasarse con los golpes de pecho), dolido por las propias culpas. Nadie viene a meterte el dedito en el ojo ni a señalarte con el índice, sino que eres tú mismo el que admites tu delito antes de pedir a los hermanos, que han hecho lo propio a su vez, que intercedan recíprocamente los unos por los otros ante Dios.

Ahí está labrándose la comunión eucarística, en esa petición de perdón recitada de forma individual pero expresada en la colectividad. La liturgia penitencial ha trazado el surco en el que se plantará después la semilla de la comunión entre los fieles para que florezca y dé fruto bien abundante al salir de misa. Los labriegos saben que hay que meter hondo la reja del arado para que la tierra de los almorrones se oxigene y aporte nutrientes a la planta: no hay mejor metáfora de la liturgia penitencial.

A continuación, la asamblea exulta con la oración del «Gloria». El oficiante lo introduce con la misma frase que los ángeles anunciaron a los pastores el nacimiento de Jesús en Belén de Judá: «Gloria a Dios en el cielo y paz en la tierra a los hombres de buena voluntad». Y ahí arranca una oración de gozo y de acción de gracias por la misericordia que hemos encontrado en nuestro Padre al iniciar la eucaristía.

La asamblea se ha purificado por el perdón divino y entonces se ha hecho digna de celebrar el culto, de acceder al monte santo donde se va a hacer presente la muerte y resurrección de Jesucristo. Y estalla con júbilo repitiendo los verbos que la Biblia adjudica al culto divino: «Por tu inmensa gloria te alabamos, te bendecimos, te adoramos, te glorificamos, te damos gracias, Señor…».

Casi oímos tañer las campanas celestiales a gloria, repicando mientras la asamblea se adentra en la alabanza que es la misa. Del mismo modo que antes confesamos nuestros pecados, ahora estamos confesando la gloria excelsa de Dios, que acaba con una doxología (afirmación categórica) trinitaria: «Sólo tú eres Santo; sólo tú, Señor; sólo tú, Altísimo Jesucristo, con el Espíritu Santo en la gloria de Dios Padre». El amén final resuena en el templo. No será el único.

9

¿Con qué intención vienes?

«Oremos», pronuncia el sacerdote cuando se ha amortiguado el eco del «Gloria». ¿Oremos? Pero, entonces, ¿qué es lo que hemos estado haciendo hasta entonces? Ay, hemos interiorizado las partes de la misa de una forma tan mecánica, que no somos capaces de advertir los cambios de ritmo, las dinámicas internas y los procesos que se van superponiendo unos a otros durante su celebración.

Porque ese «oremos» al que invita, el sacerdote, a toda la comunidad presente está seguido de otro momento de silencio. Para que cada uno ore en su interior, en el silencio de su corazón, y dedique su participación en la misa a aquello que Dios le ha puesto en ese momento en su pensamiento. Cada uno por algo suyo e intransferible, aunque sea para un tercero que nos lo ha pedido o al que se lo hemos ofrecido. Es lo que en el lenguaje común llamamos «aplicar la misa», bien solo de corazón o mediante un estipendio que se hace llegar al oficiante como donativo.

¿Con qué intención vienes pues? Porque a la misa se va para unirse a la asamblea celestial que está permanentemente alabando a Dios y también para suplicar alguna gracia que queremos alcanzar, esa es la intención particular. Por ejemplo, la de aumentar mi fe vacilante, mira qué sencillo. Y qué necesario.

La oración colecta —no confundir con la colecta caritativa que puede tener lugar después cuando se presenten las ofrendas— se llama así porque recopila todas las intenciones individuales de modo análogo al segador que agavilla las espigas que caben en un golpe de hoz. Esa oración reúne en sí todas las intenciones de los fieles participantes.

Justo eso es lo que quiere expresar la postura corporal del sacerdote oficiante, que abre sus brazos, como Cristo en la cruz, para abarcar a todo el pueblo congregado en torno al altar, que permanece de pie. Es la llamada postura de la Orante, porque existe constancia iconográfica en las catacumbas de una figura, por lo general femenina, en posición frontal al espectador, con los brazos alzados y las manos abiertas con los ojos levantados al cielo.

Así oraban los primeros cristianos y, desde luego, los judíos. De hecho, es un gesto presente en muchas religiones que el Papa Benedicto XVI explica así: «En principio, expresa la ausencia de violencia, un gesto de paz: el hombre abre las manos y, de esta manera, se abre al otro. Es también un gesto de búsqueda y de esperanza: el hombre, en su invocación, busca al Dios oculto, tiende los brazos hacia Él».

En general, cada vez que escuchamos al sacerdote decir «Oremos», tenemos que estar erguidos. La expresión idiomática «perder el oremus» con que se quiere señalar que alguien ha perdido el juicio o se ha enajenado, tiene que ver con no ser capaz de distinguir lo que hay que hacer en cada momento: si sentarse o levantarse y acabar a contrapelo de todos los demás.

El oficiante, en voz alta, presenta entonces todas las intenciones de los presentes a Dios Padre, «por Cristo en el Espíritu Santo» —genuina expresión trinitaria como recoge la Instrucción General del Misal Romano—, haciendo suyas todas las intenciones de la asamblea.

Hay veces en que el motivo de la misa hace que todos los asistentes compartan intenciones. No hay misterio ni telepatía, sino que, en una celebración del sacramento del matrimonio, no es muy aventurado imaginar que todos los presentes le desean lo mejor a los contrayentes. Y, en tal caso, el sacerdote dice en la oración colecta específica para esa eventualidad, entre otras cosas: «Derrama tu gracia sobre estos hijos tuyos, que se unen en tu presencia».

O si la misa se aplica en sufragio por el alma de un difunto, el oficiante lo tendrá bien presente en la oración colecta: «Confortados por los sacramentos que dan la vida te pedimos, Señor, por nuestro hermano N.» y ahí lo cita por su nombre de pila, el que le impusieron el día de su bautizo por mucho que todo el mundo en el pueblo lo conociera por su mote o lo inscribieron en el Registro Civil con aquel nombre tan peculiar que algunos descubren que era el suyo cuando leen la esquela en el periódico.

La colecta es la primera de las oraciones móviles de la eucaristía. Quiere decir que cambia según la fecha litúrgica o la memoria de algún santo que toque resaltar ese día. También reúnen esta condición la oración sobre las ofrendas y la que sigue a la comunión.

Con esta oración colecta comunitaria acaba la primera parte de la misa, que comúnmente se conoce como los ritos iniciales. La asamblea se ha preparado intensamente con la confesión de las culpas y su absolución (no sacramental), ha exultado de gozo como los pastores en Belén al proclamar la majestuosidad de Dios y ha presentado sus intenciones ante el Padre. Ya puede comenzar el banquete al que hemos sido invitados.

10

La Palabra hecha carne

En realidad, se trata de dos banquetes, uno detrás de otro. Tan estrechamente unidos entre sí que forman un único acto de culto. Y si hay dos banquetes, hay dos mesas y dos alimentos. Vamos con el primero, que no es otro que la Palabra de Dios.

Dios habla a su pueblo. Y éste le responde, unas veces con la aclamación que sigue a las lecturas, otras repitiendo la antífona del salmo responsorial y, en cualquier caso, en el silencio de un corazón dispuesto a la escucha. La liturgia de la Palabra es el primer movimiento descendente-ascendente que tiene lugar durante la celebración eucarística: la Palabra inspirada por Dios a los hombres que es la Biblia se lee en medio de la asamblea. En voz alta y audible, que ahí entra mucho en juego la pericia del lector para proclamar las lecturas con la mejor prosodia que sea capaz. En román paladino: para que se le entienda. Ateniéndose a lo escrito en el Leccionario sin omitir ni añadir nada, pero cuidando de la entonación y el estilo de lo que está leyendo para que sea más fácil de comprender por los fieles, sentados en sus bancos.

¿Y por qué hay que leerlo en público? Esa cuestión tiene varias respuestas, según el ángulo desde el que se la enfoque. Hay una razón histórica, de continuidad con el ejercicio que los judíos llevaban a cabo en la sinagoga, donde daban lectura a la ley y los profetas contenidos en la Biblia (aunque ese nombre es cristiano, pero no nos enredemos ahora en nominalismos). A los seguidores de Cristo, que en los primeros años compartieron espacio en las sinagogas con quienes seguían fieles a la ley mosaica, les gustaba leer en público la historia de salvación del pueblo elegido que narra la Biblia.

Cada año litúrgico, con sus tiempos fuertes (Adviento, Navidad, Cuaresma, Pascua, por ejemplo) y ordinarios, tiene su propia recopilación de lecturas que se repiten cíclicamente cada tres años. La idea es que a lo largo de esos tres años (A, B y C, según el nombre que recibe cada ciclo) se lea algo de cada uno de los 73 libros que componen la Biblia. Aunque sea un párrafo minúsculo en una misa de diario del tiempo ordinario, un miércoles perdido de septiembre o un lunes sin memoria de febrero.

La otra razón de por qué leemos parrafadas de la Biblia en la liturgia eucarística pudiendo hacerlo cada uno por su cuenta —ahora que la tasa de alfabetización lo permite, claro, ese rasgo fue constitutivo de los judíos durante siglos porque todo varón mayor de edad estaba obligado a leer en la sinagoga— o proyectarla, por ejemplo, sobre una pared del templo para que todos la vean, tiene que ver con la eficacia de la Palabra.

En efecto, los fieles están reunidos como un solo hombre (por usar la expresión en el libro del profeta Esdras) para escuchar lo que Dios tiene que decirles. A cada uno en particular y a la comunidad en general, ligada por lazos de fe que van más allá de los de sangre, afinidad, profesión... La comunidad precede a la Palabra y a ella vuelve tajante como espada de dos filos para interpelar a la asamblea y a quienes la integran.

Hay un hermoso gesto que da forma a esto que venimos expresando: durante la misa de dedicación de un templo, el lector de la primera lectura surge de entre la asamblea con el Leccionario bajo el brazo para presentarlo al obispo que está consagrando la iglesia. El prelado bendice los textos (da su aprobación para que los utilice la comunidad) y el lector hace ostentación de ellos alzando el libro sobre la cabeza desde la sede hasta el ambón: la Palabra que ha nacido de la comunidad de creyentes vuelve a ésta con el beneplácito de la Iglesia universal. Esto es, ¡antes de comulgar con el Cuerpo de Cristo, lo hacemos con la Palabra de Dios!

Por lo general, la primera lectura se toma del Antiguo Testamento y se responde con la aclamación de un salmo que eran las oraciones de alabanza a Dios con las que el propio Jesús rezaba en la sinagoga. Y si es una alabanza, conviene que el tono de quien lo lee así lo signifique en vez de la monótona sucesión de la salmodia.

La segunda lectura proviene, generalmente, de las epístolas del Nuevo Testamento como exhortación a las primeras comunidades cristianas cuya necesidad sigue siendo vigente en nuestros días. No es sólo una amonestación histórica de san Pablo a los corintios, sino que se hace evidente también para la comunidad parroquial de nuestros días.

Después de responder todos «Te alabamos, Señor» a la Palabra de Dios que se acaba de proclamar —que no es exactamente leer como se balbucea el prospecto de un medicamento—, se canta (salvo en Cuaresma) el Aleluya, con el que la asamblea expresa su alegría —¡y qué aleluyas más tristes se entonan en nuestras iglesias!— por escuchar lo que Cristo tiene que decirle en la proclamación del Evangelio.

Se trata de la cabeza hablándole a su cuerpo místico, de modo análogo a los impulsos neuronales que nuestro cerebro envía a la mano izquierda para que se alce pidiendo un taxi o el pie derecho se baje de la cama para dar inicio a la jornada. Nosotros somos los dedos o los músculos y Cristo es el que nos dirige la palabra para enviarnos una misión.

El encargo es de naturaleza tan importante que la escucha se hace de pie. Como si los presentes se aprestaran para recibir una orden. Los judíos oraban de pie y esa postura es la que acompaña la escucha del Evangelio. Pero hay más en ese ponerse de pie de la asamblea durante el Evangelio, porque esa es la postura de Cristo vencedor de la muerte, erguido tras el combate mientras el Enemigo yace en el suelo. En el concilio de Nicea (siglo IV) se disponía que los fieles no se arrodillaran en tiempo de Pascua (los cincuenta días que siguen a la Resurrección) precisamente para acentuar la victoria de Cristo sobre la muerte.

Todavía hay otro gesto de suma importancia que pasa inadvertido habitualmente. Dijimos más arriba que al término de la procesión de entrada, se depositaba el Evangeliario sobre el altar y ahí quedaba hasta que ahora el diácono, el concelebrante o quien preside la celebración lo toma y lo traslada por encima de la cabeza hasta el ambón.

El Verbo hecho carne. «Verbum caro factum est» cobra aquí todo su significado puesto que la Iglesia está concediendo al libro donde están recopilados los evangelios de cada jornada exactamente la misma consideración que al Cuerpo y la Sangre de Cristo contenidos en la patena y el cáliz.

De la mesa del banquete a la mesa de la Palabra, antes de degustar el Evangelio, el oficiante signa la página escrita: es que se trata del cuerpo de la Palabra. Él mismo —y todos los presentes lo imitan— reproduce la señal sobre la frente, la boca y el pecho para significar que la eficacia del Verbo atañe a nuestras facultades intelectivas (cerebro), de expresión (los labios con que hablamos) y volitivas (el corazón donde anidan los deseos). San Agustín de Hipona llega a decir al respecto: «Nos alimentamos de la cruz del Señor, cuando comemos su cuerpo».

¿A qué sabe la Palabra? A gloria, como triunfalmente recita la aclamación con que la asamblea saluda las palabras finales de «Palabra del Señor»: «Gloria a ti, Señor Jesús». Y de nuevo, el ministro ordenado que acaba de leer el Evangelio besa (o se lo da a besar al que preside) y hace ostentación del libro por encima de la cabeza como se haría con un trofeo gracias al cual se nos ha concedido la victoria. No son sólo palabras bellamente ordenadas, no son sólo ideas hermosamente plasmadas por escrito: es la Palabra hecha carne que se nos da a comer en la eucaristía.

Si alguien muestra sus reservas a lo que se está exponiendo, sólo tiene que hacer memoria de la antífona de comunión, ese versículo brevísimo que el oficiante lee justo antes de repartir el Cuerpo de Cristo a la asamblea. ¿Con qué objeto? Para que cada comulgante rumie —es la mejor analogía que puede establecerse— lo que se ha dicho en el Evangelio antes de ingerir el alimento espiritual bajo las especies eucarísticas.

A la proclamación del Evangelio sigue la homilía o breve explicación de lo que se ha escuchado para reforzar las ideas claves contenidas en las diferentes lecturas, su aplicación a la comunidad particular o cualquier consideración doctrinal que se desprenda de ellas o de las oraciones de la misa del día. No es pues el comentario de la semana ni la opinión sobre un tema de actualidad, aunque todo eso pueda caber con destreza y habilidad por parte del predicador.

Sobre la digestión de las palabras del sacerdote nos abstendremos de calificativos, pues hay de todo: pesadas que producen ardores, ligeras, flatulentas y muy provechosas y saludables. Que cada cual elija.

Pero, por favor, sea como sea, el sermón no es, ni de lejos, lo más importante de la misa. Qué más da la elocuencia o la habilidad del predicador cuando estamos ante el grandísimo misterio de que el propio Dios hecho hombre se nos da a comer. Ya puede irse el sacerdote por los cerros de Úbeda que ese milagro eucarístico no puede echarlo a perder ni el más zote de los ministros con sus torpes palabras.

Así pues, queda el momento de silencio tras la homilía para que se afiance esta idea en nuestro interior antes de responder como es debido a lo que hemos escuchado.

11
Creo dentro de la Iglesia

Y la respuesta es, a la vez, individual y comunitaria. Personal porque la oración con la que nos adherimos a lo formulado en el seno de la Iglesia se expresa en primera persona del singular («creo») pero de forma colectiva, todos a la vez uniendo las voces. El credo es la respuesta de la comunidad a lo que ha suscitado la Palabra de Dios escuchada. Es un movimiento de retorno después de que la asamblea se haya dejado interpelar por la Escritura.

Tiene dicho el Papa Francisco en una de sus catequesis sobre la misa que «hay un nexo vital entre escucha y fe. Están unidas». Y sigue diciendo: «Esta —la fe—, de hecho, no nace de la fantasía de mentes humanas, sino como recuerda san Pablo "nace del mensaje que se escucha y la escucha viene a través de la Palabra de Cristo" (*Rom 10,17*). La fe se alimenta, por lo tanto, con la predicación y conduce al Sacramento».

El credo se convierte, de este modo, en un puente. Es sugerente como metáfora: es la pasarela de la fe la que nos conduce de la mesa de la Palabra a la mesa del banquete eucarístico. Para acceder a la segunda hay que cruzar el puente de la fe. Como en todo puente suspendido, si miramos hacia abajo nos entra el vértigo de las dudas, por eso hay que atravesarlo con la mirada puesta en la meta y no en el trayecto en sí.

Insistiendo en este aspecto, en el Ritual de Iniciación Cristiana de Adultos, el credo ocupa un lugar destacado en el itinerario catequético que conduce a la recepción de los tres sacramentos de iniciación: Bautismo, Confirmación y Eucaristía. A los neófitos se les entrega el Símbolo tras el primer escrutinio, tres semanas antes de la vigilia pascual donde van a bautizarse. Después de las súplicas por los elegidos y el correspondiente exorcismo menor se les invita a abandonar la ceremonia: esto es, no pueden cruzar todavía el puente que conduce al banquete donde el mismo Cristo se ofrece sobre el altar.

El celebrante lo explica cuando les entrega el Símbolo —que en la antigüedad se memorizaba sin escribirlo en ningún sitio para que sólo los bautizados supieran recitarlo— con estas palabras: «Queridos hermanos, escuchad las palabras de la fe, por la cual recibiréis la justificación. Las palabras son pocas, pero contienen grandes misterios. Recibidlas y guardadlas con sencillez de corazón».

Es más que una adhesión, es una progresiva incorporación al Misterio. En el credo están contenidas las verdades de la fe: es un compendio magnífico de todo aquello en lo que creemos los cristianos. Y tiene razón el Papa Francisco cuando niega que haya surgido de «fantasías humanas», sino que el proceso de fijación de las verdades doctrinales ha ido cuajando a lo largo de los siglos en sucesivos concilios ecuménicos que han aquilatado el depósito de la fe.

Por eso mismo hay «dos» credos: el corto y el largo, como vulgarmente los nombramos. En realidad, son el símbolo de los apóstoles y el credo niceno constantinopolitano, pero con esa palabreja que resume las disquisiciones teológicas en el siglo IV es comprensible que hayamos tirado por la calle de en medio y sea el credo largo. No hay ninguna diferencia doctrinal entre ambos enunciados, sólo matices en la expresión de cada verdad, y se usan indistintamente.

Cada parroquia, por ejemplo, usa por costumbre uno u otro, a elección del párroco o de la comunidad de fieles o por pura inercia. No importa: conforme se complete la primera frase se recitará uno u otro. Si se elige «Creo en Dios, Padre Todopoderoso», se trata del símbolo de los apóstoles (el corto, para entendernos); si, por el contrario, la asamblea prosigue la oración con «Creo en un solo Dios, Padre Todopoderoso, Creador del cielo y de la tierra», nos habremos decantado por el niceno constantinopolitano.

El Credo, en cualquiera de sus dos variantes, expresa la fe trinitaria en Dios Padre, Dios Hijo y Dios Espíritu Santo. Y en otros dogmas de fe que el bautizado debe confesar. Los teólogos posconciliares han hecho mucho hincapié en que la creencia en el Dios Uno y Trino es de signo superior a la que expresamos, por ejemplo, en la Iglesia.

En el latín original en que se compusieron las oraciones se ve mucho más claro que en español, donde el «creo en» puede crear cierta confusión. «Credo in Deum» y sus correspondientes «et in Jesum Christum» y «credo in Spiritum Sanctum» se diferencian gramaticalmente del «credo Sanctam Ecclesiam Catholicam». El Catecismo lo aclara: «En el Símbolo de los Apóstoles, hacemos profesión de creer que existe una Iglesia Santa ("Credo... Ecclesiam"), y no de creer en la Iglesia para no confundir a Dios con sus obras y para atribuir claramente a la bondad de Dios todos los dones que ha puesto en su Iglesia».

El jesuita Henri de Lubac inauguró una brillante corriente teológica al explicar que ese «creo a la Iglesia» es, en realidad, en su existencia, su realidad sobrenatural y unidad obra del Espíritu Santo y sus prerrogativas especiales. En última instancia, «creo en la Iglesia» puede tomarse como que el creyente participa de la Iglesia, se siente integrante de ese Cuerpo Místico de Cristo y expresa su fe en el seno de su propia comunidad.

Por eso decíamos al principio que el credo es una respuesta individual y colectiva. Parecería incongruente que cada uno recitara unas verdades de fe y no otras enmudeciendo en aquellos artículos sobre los que tenga más reservas. Creer en la Iglesia no es admitir a pies juntillas dogmas que no alcanzamos a comprender, sino compartir sin remilgos ni objeciones la experiencia de la propia fe con otros muchos millones de personas.

Tras la recitación del credo, la liturgia prosigue con la oración de los fieles, también llamada oración de la Iglesia. Se trata de una serie de súplicas dirigidas a Dios con carácter universal. Y es en ese orden como deben componerse: de lo general a lo particular, de la petición por la Iglesia universal a la comunidad congregada en ese momento. De esta manera no se desenfoca anteponiendo necesidades particulares de quienes participan en la celebración eucarística a la súplica con carácter general.

La asamblea se sienta entonces y comienza la preparación de las ofrendas. Estamos entrando en el corazón de la liturgia y en el Misterio Sacramental.

12
Con pan y vino
se anda el camino

Las ofrendas, el pan y el vino que se han de consagrar, se traen al altar. No estaban allí cuando comenzó la misa ni se dejan preparadas como la comida para calentar en el microondas, sino que requiere su preparación ritual por parte del sacerdote. Pero son los fieles los que las presentan ante el altar. En las misas de ordinario, se omite este bello gesto que recomienda la Iglesia y se toman los vasos sagrados de una mesita auxiliar que se llama credencia. En cualquier caso, se traen y eso tiene su significado.

Porque, en realidad, cada participante —que va más allá del concepto estrecho del que hace o dice algo durante la celebración de la misa— está haciendo ofrenda de su propia vida. En el Deuteronomio se exige a los creyentes que no se presenten ante Dios con las manos vacías. Aunque no llevemos nada a misa, estamos haciendo el ofrecimiento de nuestra propia vida, de la parte del mundo que pasa por nuestras manos para devolverlo a Dios como los antiguos israelitas presentaban las primicias de los campos y los primogénitos de sus rebaños.

Hay veces que desbordamos el rito por el lado del exceso y nos inventamos una procesión en la que hay de todo, especialmente en las misas de primera comunión para que los comulgantes luzcan palmito y los abuelos presuman de nietos: las fichas de trabajo, una foto del curso, el balón de fútbol, la guitarra, las flores del altar, candelabros, velas, guirnaldas... y todo lo que se les ocurra a los catequistas para que cada niño lleve algo.

Puede parecer algo excesivo, pero no afecta en nada a lo esencial que siempre tiene que cerrar el paseíllo con las vinajeras donde se porta el vino y el agua: el cáliz cubierto y la patena donde va la hostia. Eso sí que no puede faltar, como obliga la Instrucción General del Ordinario de la Misa. Sin pan ni vino no se anda el camino.

El camino desde los pies de la iglesia hasta el presbiterio, pero también el espiritual de la comunión de la asamblea. El banquete eucarístico que es la misa exige que haya algo que comer: el pan y el vino traídos por el santo pueblo de Dios ya consagrados en el Cuerpo y la Sangre de Cristo recorrerá entonces el camino inverso, del altar a los fieles, pero no anticipemos acontecimientos.

La recomendación es que se consagren las formas que se van a consumir en la misa y se deje la provisión del sagrario como lo que fue en los primeros tiempos de la cristiandad: la reserva para los enfermos y los impedidos de participar en la asamblea.

El sacerdote recibe las ofrendas y deja a los pies del altar todo lo que no son las especies eucarísticas y cuanto es necesario para su presentación al Padre. Es una cuestión teológica, claro está, pero no exenta de un punto práctico: así vemos lo que es importante y lo que resulta secundario. Durante la misa, el altar es el centro de la celebración y como tal debe resaltarse.

Llegados a este punto, cabría preguntarse por qué pan, vino y agua. En primer lugar, porque tales fueron los alimentos que el propio Jesús repartió en la Última Cena como relatan los evangelios sinópticos. La conmemoración pascual busca fidelidad a su origen, pero no sólo eso.

Además, en el pan y el vino, los hombres podemos reconocer alimentos básicos, casi universales (ampliamente extendidos más allá de la cuna del Mediterráneo donde se cultivaron los cereales y la vid) con una fuerte carga simbólica. El pan, el pan nuestro de cada día, trae consigo el recuerdo del trabajo, del sudor de la frente con que se gana, de la faena agrícola necesaria para sembrar el cereal, cosecharlo, agavillarlo, trillarlo, aventarlo, molerlo hasta conseguir harina que después ha de ser amasada y cocida.

No tiene levadura, se trata de pan ázimo porque la Pascua judía rememora la salida de Egipto sin que diera tiempo a que fermentara la masa. Ese era el pan que Jesús comió con los suyos la noche que lo prendieron —en movimiento inverso al de la liberación de Israel de las garras del faraón— y así se sigue preparando hoy en día.

Ha de ser de trigo sin mezcla de ninguna otra sustancia. Ello implica gluten, razón por la que los celíacos tienen que comulgar con unas hostias especiales de almidón de trigo en las que el porcentaje de esta sustancia indispensable para la panificación es mínimo.

El vino trae al altar el recuerdo de la fiesta, del tiempo compartido y la alegría inherente a su consumo desde tiempos inmemoriales. También, claro está, la labor del viñador que ha plantado, podado, regabinado la vid y ha vendimiado, pisado y aguardado a que fermentase el mosto de la uva. En el pan y el vino están sabiamente resumidas la vida humana y cuanto esta tiene de trabajo y celebración, de esfuerzo cotidiano y fiesta señalada, de obligación y de gratuidad. Desde la revolución del Neolítico, no hay fiesta que no se desarrolle en torno a la mesa compartida. Y eso es también la misa.

¿Nos hemos olvidado del agua? Porque este elemento también se presenta en el altar del sacrificio. Durante la preparación del cáliz con el vino que luego se transformará en Sangre de Cristo, el sacerdote derrama unas gotitas de agua de apariencia insignificante, pero de gran sentido mistagógico: la divinidad de Cristo se va a mezclar con la humanidad del creyente que expresa esa minúscula gota de agua. En ese gesto simbólico está contenida nuestra vida presentada como ofrenda agradable a Dios.

Entonces, el sacerdote hace la oración sobre las ofrendas y comienza un ejercicio de purificación interior que se exterioriza en el lavabo: el gesto de lavarse las manos con agua, y se seca con el manutergio, un lienzo del tamaño habitual de una servilleta con que se las seca expresando la preparación para el momento más determinante de la eucaristía.

Acto seguido, puede incensar las ofrendas, sobre todo en misas de cierta solemnidad. Inciensa los dones, el altar y la cruz. Y luego un acólito lo inciensa a él mismo, a los concelebrantes y finalmente al pueblo puesto en pie. No es por capricho o por mayor boato, sino la forma de subrayar los sitios teológicos privilegiados donde está Cristo: por supuesto, en las especies eucarísticas, en el altar, en la cruz que lo representa, en persona en el sacerdote y el resto de concelebrantes y, finalmente, en su Cuerpo místico que es la Iglesia reunida en la misa.

Con el humo del incienso asciende la ofrenda a Dios. No tardará en bajar.

13
Subir y bajar: el cielo en la tierra

Se inicia entonces la parte fundamental de la eucaristía: la más importante, donde habita el misterio, la que la convierte en fuente y culmen de la vida sacramental. Es la plegaria eucarística por la que el Cuerpo y la Sangre de Cristo, se hacen presentes de modo real y verdadero, así como su alma y su divinidad, en el pan y el vino consagrado por las manos del sacerdote.

Pero no nos adelantemos. La plegaria eucarística se inicia con el prefacio, una acción de gracias por los dones que se han traído al altar. La asamblea se pone en pie para significar la importancia de lo que va a suceder. Ese «levantemos el corazón» que en otro tiempo marcaba justamente el momento de erguirse en cuanto el sacerdote pronunciaba el «sursum corda» (levantemos el corazón en latín) y que pasó al habla coloquial («sursuncorda») como expresión de alguien cuya identidad desconocemos, pero de mucha importancia.

Desde luego, esa definición de la Real Academia Española le cuadra al Espíritu Santo, que es el gran actor de esta parte de la misa. Lo que hacemos, ni más ni menos, es invocarlo para que su acción convierta las especies eucarísticas en Cuerpo y Sangre de Cristo. Habíamos hablado en el capítulo anterior del movimiento ascendente que caracterizaba el humo con que se incensaban las ofrendas para que se elevaran hasta Dios. Ahora toca el movimiento opuesto, porque es el Espíritu Santo el que va a descender sobre el pan y el vino.

La misa es un dinamismo puro. Nos puede parecer estática, pero nada más lejos de la realidad. Para empezar, nos estamos uniendo a la liturgia celestial, que se celebra permanentemente ante el rostro de Dios por los coros celestiales y los que gozan de su presencia. En el prefacio de la plegaria eucarística, nos asociamos a ellos para pronunciar el trisagio, el cántico en honor del tres veces santo aclamando: «Santo, santo, santo es el Señor».

Porque la misa no la estamos celebrando nosotros solos. Ni siquiera la celebra la Iglesia entera. O lo que nosotros podemos entender por la Iglesia entera con el Papa y los obispos al frente. Qué va. En nuestro templo, sea una catedral de inmensas bóvedas góticas o una humilde ermita en lo alto de un monte perdido, está la Iglesia terrenal (la que conocemos como militante) pero también la del cielo, la que se llama triunfante. Y la purgante, que expía sus pecados. Estamos todos los bautizados, no importa si vivos o muertos, si de este siglo o del medievo, porque la eucaristía la celebra el Cristo total, esto es, la Cabeza de la Iglesia que es Cristo, pero también su cuerpo místico, que somos todos nosotros.

Y se trata de un acontecimiento cósmico. Que trasciende el tiempo, que lo sobrepasa como nos rebasa a nosotros el misterio insondable que la habita por dentro. Decía el Papa san Juan Pablo II que la eucaristía, cualquier eucaristía, se celebra «sobre el altar del mundo». En su encíclica *Ecclesia de eucharistia*, se puede leer: «La Eucaristía se celebra, en cierto sentido, sobre el altar del mundo. Ella une el cielo y la tierra. Abarca e impregna toda la creación. El Hijo de Dios se ha hecho hombre, para reconducir todo lo creado, en un supremo acto de alabanza, a Aquél que lo hizo de la nada. De este modo, Él, el sumo y eterno Sacerdote, entrando en el santuario eterno mediante la sangre de su Cruz, devuelve al Creador y Padre toda la creación redimida. Lo hace a través del ministerio sacerdotal de la Iglesia y para gloria de la Santísima Trinidad. Verdaderamente, éste es el "mysterium fidei" que se realiza en la Eucaristía: el mundo nacido de las manos de Dios creador retorna a Él redimido por Cristo».

Y el Papa Francisco, en su encíclica *Laudato si* incide en este mismo punto afirmando que «la eucaristía une el cielo y la tierra, abraza y penetra todo lo creado. El mundo que salió de las manos de Dios vuelve a él en feliz y plena adoración».

Su antecesor, el Papa Benedicto XVI lo expresa de modo aún más sobrecogedor: «Por un instante el mundo enmudece, todo guarda silencio, y en ese silencio tiene lugar el contacto con el Eterno; en lo que es un latido del corazón, salimos del tiempo para entrar en la presencia de Dios con nosotros».

Es un acontecimiento cósmico, pero no abstracto, no se trata de ningún culto mistérico, sino que está bien sujeto a la figura histórica de Jesús de Nazaret, Dios y hombre verdadero, que voluntariamente aceptó la muerte por crucifixión en tiempos de Poncio Pilato para redención del género humano. Y eso es lo que celebramos en cada misa: un memorial de aquella pasión, muerte y resurrección que constituye el eje de la fe cristiana. La eucaristía es una conmemoración de aquel acontecimiento histórico y no una mera formulación teórica: los que están en misa están reviviendo ese suceso pascual que da sentido a nuestra fe.

La pugna con el gnosticismo ha estado presente en la vida de la Iglesia desde los primeros siglos. No rendimos culto a un Dios desconocido al que nadie ha visto, sino a un Dios encarnado que se ha hecho hombre para nuestra salvación. Y comemos su cuerpo y bebemos su sangre, no de manera meramente simbólica sino física, materialmente.

Eso es lo que pedimos, por boca del sacerdote, durante la plegaria eucarística. A eso conduce la hermosísima formulación de la oración más importante de la misa que el celebrante lee del misal con pulcritud extrema. Hasta que llega el momento de la consagración y recita, palabra por palabra, lo mismo que Cristo dijo en la Última Cena con sus discípulos. Es el momento de la epíclesis, esto es, el descenso del Espíritu Santo sobre las especies eucarísticas.

¿Por qué pedimos que el Paráclito venga y haga el milagro de la transubstanciación (cambio de la sustancia, aunque permanezcan los accidentes como el sabor, la forma o la apariencia visual)? Porque necesitamos asociar nuestra ofrenda al sacrificio de Cristo en la cruz. Tenemos necesidad de incorporarnos a nosotros mismos con nuestra vida, nuestra realidad, nuestras heridas y nuestros pecados para alabanza del Creador. Y eso solo lo podemos conseguir sumándonos a la suprema ofrenda de la Vida en el árbol de la cruz. Allí donde va la Cabeza, le sigue todo el cuerpo místico que somos todos nosotros.

San Ireneo, obispo de Lyon del siglo II, lo expresa en una hermosa síntesis en torno a tres verbos: ofrecer, invocar y recibir. Ofrecemos los dones de la Creación, el pan y el vino que obtenemos de la mano del Creador, porque sentimos la necesidad de hacer una ofrenda agradable a Dios y no porque él necesita nada de lo que podamos darle. Como expresa la canción en acertada contraposición, «¿qué te puedo dar, que no me hayas dado Tú?».

Invocamos al Espíritu Santo para que convierta los dones y recibimos la eucaristía, que de esta manera vuelve a nosotros con una fuerza transformadora: la Iglesia vive de la Eucaristía porque la Eucaristía hace la Iglesia. Si no lo ves claro esto último, atiende a lo que dice el sacerdote nada más terminar la consagración, justo cuando la asamblea usa la fórmula en arameo «Maranatha» para expresar el deseo de que Jesús venga.

Entonces, el celebrante vuelve a invocar al Espíritu Santo en la denominada segunda epíclesis con estas palabras extraídas de la Plegaria Eucarística III (hay cuatro modelos diferentes, que se usan según los días y las prescripciones litúrgicas) muy ilustrativas de lo que estamos pidiendo todos por su boca: «Dirige tu mirada sobre la ofrenda de la Iglesia, y reconoce en ella la Víctima por cuya inmolación quisiste devolvernos tu amistad, para que, fortalecidos con el Cuerpo y la Sangre de tu Hijo y llenos de su Espíritu Santo, formemos en Cristo un solo cuerpo y un solo espíritu».

Un solo cuerpo y un solo espíritu, tal es el ideal que la Iglesia propone en la eucaristía para toda la humanidad. No es retórica sino un ejercicio de santificación al que solo podemos llegar a través del mediador universal entre Dios y los hombres que es Cristo.

14

Haz memoria

Después de la consagración, el núcleo de la liturgia se concentra en la plegaria eucarística, recitada por el sacerdote y escuchada en pie por la asamblea en señal de respeto. Es la parte central en la que se recuerda la Pasión redentora de Cristo para ofrecer las especies eucarísticas ya consagradas. Entonces se hace todavía más evidente que el sacrificio divino lo están celebrando conjuntamente en la tierra y en el cielo, lo que históricamente se ha llamado la Iglesia militante y la Iglesia triunfante que ya está en la gloria.

«Nada ni nadie es olvidado en la plegaria eucarística», decía el Papa Francisco en la serie de catequesis que ofreció sobre la misa. El sacerdote suplica a Dios que recuerde a «todos aquellos por quienes te ofrecemos este sacrificio». Y aquí se cita, por su nombre, al Papa y al obispo de la diócesis donde se celebra la eucaristía para recalcar la comunión de toda la Iglesia, la particular con el prelado a la cabeza y la universal con el Sumo Pontífice al frente. La plegaria incluye a los oferentes, a la porción del pueblo santo reunido en esa celebración concreta y a todos «aquellos que te buscan con sincero corazón». Como se ve, el recordatorio es amplísimo...

Pero lo es aún más. Inmediatamente se hace memoria (por eso esta parte de la plegaria se llama memento, del latín con el significado de recordar) de los que ya no están con nosotros en la tierra, aunque confiamos en que estén en el cielo. De aquellos «que murieron en la paz de Cristo» y, en general, «de todos los difuntos cuya fe sólo tú conociste».

La Iglesia, y nosotros con ella, se abstiene de formular ningún juicio de valor sobre los muertos. En vez de eso, que queda al arbitrio del Juez supremo en el día del Juicio Final, intercede por los que nos han precedido ejercitando el dogma de la comunión de los santos que rezamos en el credo. Del mismo modo que la Iglesia celestial está orando por los que todavía peregrinamos en la tierra, desde aquí nosotros podemos rezar por los difuntos.

El Papa Benedicto XVI lo explicaba bellamente en su carta *Spe salvi* de 2007: «Nadie vive solo. Ninguno peca solo. Nadie se salva solo. En mi vida entra continuamente la de los otros: en lo que pienso, digo, me ocupo o hago. Y viceversa, mi vida entra en la vida de los demás, tanto en el bien como en el mal. Así, mi intercesión en modo alguno es algo ajeno para el otro, algo externo, ni siquiera después de la muerte». Esa continuidad entre el cielo y la tierra que se hace palpable en la misa es la que determina el recordatorio de los fallecidos.

Justo en ese momento, si se sigue con la atención debida la plegaria eucarística en vez de dejar volar la imaginación como una cometa, se puede hacer memoria de los seres queridos por los que oramos. Cada uno en silencio puede poner en el corazón el nombre o los nombres que quiere traer a la memoria.

O también puede «ofrecer» la misa por una persona fallecida —no importa si fue reciente o pasó ya mucho tiempo desde su óbito— que el sacerdote nombrará en público exclusivamente por su nombre, ya que los apellidos son categorías civiles que nos conceden identidad, pero ante Dios es el nombre de pila —el que nos impuso el sacerdote al bautizarnos— el que nos identifica.

«Padre, ¿cuánto debo pagar para que mi nombre se diga en ese momento? Nada. ¿Entendido esto? ¡Nada! La misa no se paga. La misa es el sacrificio de Cristo, que es gratuito. La redención es gratuita. Si tú quieres hacer una ofrenda, hazla, pero no se paga. Esto es importante entenderlo», remachaba con socarronería rioplatense el Papa ante el auditorio que seguía su catequesis sobre la misa.

No nos resistimos a cerrar este capítulo citando un párrafo especialmente bello de la mencionada carta *Spe salvi* de Benedicto XVI muy ilustrativa sobre el particular del «memento etiam» («acuérdate también» en nuestra plegaria): «En la comunión de las almas queda superado el simple tiempo terrenal. Nunca es demasiado tarde para tocar el corazón del otro y nunca es inútil. Así se aclara un elemento importante del concepto cristiano de esperanza. Nuestra esperanza es siempre y esencialmente también esperanza para los otros; sólo así es realmente esperanza también para mí. Como cristianos, nunca deberíamos preguntarnos solamente: ¿Cómo puedo salvarme yo mismo? Deberíamos preguntarnos también: ¿Qué puedo hacer para que otros se salven y para que surja también para ellos la estrella de la esperanza? Entonces habré hecho el máximo también por mi salvación personal».

15
Amén y punto (seguido)

La hermosa plegaria eucarística presenta en el Misal Romano hasta cuatro variantes que el oficiante puede elegir bajo diferentes condicionantes. La numerada como uno (en cifras romanas) es la conocida como canon romano e incluye en su formulación el recuerdo de los santos apóstoles y mártires para que intercedan por su Iglesia en ese momento culminante, aunque no sea la más usual (sí, la más extensa y tal vez ello frene su uso). Pero todas las plegarias concluyen de igual forma, en la llamada doxología final.

La Doxología no es más que una fórmula de alabanza a Dios. Resulta de la combinación de dos palabras griegas: doxa (opinión o fama, presente en nuestra paradoja, por ejemplo) y logos (palabra, presente en nuestras disciplinas científicas como biología, por ejemplo). Aquí resulta ser una alabanza a la Santísima Trinidad: toda invocación de la plegaria eucarística, que ha ido elevándose de intensidad por boca del presbítero, encuentra aquí su culminación. Todo está hecho para alabar a la Santísima Trinidad.

El celebrante toma a la vez en cada mano la patena (la bandeja en la que está depositada la hostia consagrada) y el cáliz, los eleva presentándolos en el aire y proclama solemne una aclamación gloriosa de carácter trinitario: «Por Cristo, con él y en él, a ti Dios Padre omnipotente, en la unidad del Espíritu Santo, todo honor y toda gloria por los siglos de los siglos». Entonces la asamblea debe prorrumpir en un *amén* de esos que hace temblar el misterio.

Decimos *debe* porque históricamente, san Jerónimo, el traductor de la Biblia al latín con la canónica edición Vulgata, señalaba en el siglo v que ese amén hacía retumbar las basílicas romanas y que era posible distinguir dónde se estaba oficiando la eucaristía por el resonar de la asamblea de los fieles llegado ese momento culminante en el que la ofrenda es presentada ante Dios. Y no cualquier ofrenda, sino la única aceptable a sus ojos: la de su propio Unigénito muerto en la cruz como víctima propiciatoria para la expiación de los hombres. Eso merece, cuando menos, un amén como una catedral.

Porque ese amén significa mucho. No sólo se rompe el silencio con que los asistentes han acogido la recitación de la plegaria eucarística, incluida la fórmula de consagración del pan y el vino. Sino que viene a denotar la aprobación, el consentimiento, la adhesión a todo cuanto ha proclamado el oficiante en alabanza de Dios, uno y trino. No se dice amén porque sí. O no se debería decir como quien responde desganado cuando nos preguntan la hora.

Es un amén en el que nos hacemos partícipes de cuanto ha sucedido sobre el altar que —recordémoslo—

no es ni más ni menos que la transubstanciación del pan y el vino hasta convertirse en cuerpo y sangre de Cristo. Es gracias a su participación como único mediador entre Dios y los hombres como podemos presentar nuestra alabanza al Padre, que es justo lo que hace el sacerdote levantando el cáliz y la patena en ese momento.

El Catecismo lo expresa de modo harto explícito: «La Iglesia, que es el Cuerpo de Cristo, participa en la ofrenda de su Cabeza. Con Él, ella se ofrece totalmente. Se une a su intercesión ante el Padre por todos los hombres. En la Eucaristía, el sacrificio de Cristo se hace también el sacrificio de los miembros de su Cuerpo. La vida de los fieles, su alabanza, su sufrimiento, su oración y su trabajo se unen a los de Cristo y a su total ofrenda, y adquieren así un valor nuevo. El sacrificio de Cristo presente sobre el altar da a todas las generaciones de cristianos la posibilidad de unirse a su ofrenda».

Con el amén, los fieles están dando su aprobación a la presentación de esa ofrenda colectiva de quien es, a la vez, víctima, sacerdote y altar. Lo que resulta en nuestras celebraciones, en realidad, es un amén desmayado, casi temeroso o desconfiado, que es todo lo contrario de la fe que se presupone a los participantes en la eucaristía.

Pero basta con estar atento y atender lo que el sacerdote profiere en la plegaria eucarística para darse cuenta de la riqueza que encierra esa súplica orante. Y no es solo la riqueza litúrgica o de expresión sacramental sino la de carácter histórico que ha llegado hasta nuestros días como un legado con muchos siglos de decantación con el auxilio del Espíritu Santo a través de no pocos debates teológicos como para que los fieles del siglo XXI se permitan el lujo de desconectar su oración en momento tan dramático y pronunciar un «así sea» de compromiso, con la boca chica.

16
Padre nuesto, Padre de todos

De un amén que falta a un amén que sobra. Acabada la plegaria eucarística, llega el momento de rezar con la oración del Señor, el padrenuestro. Significativamente, el instante más «participativo» de la misa porque, al fin y al cabo, todo el mundo —casi todos, para salvar generalidades indeseables— la conoce y la ha recitado alguna vez. Pero aquí no se pronuncia el amén del final, vaya por Dios.

Tiene su explicación. El padrenuestro está integrado en la liturgia de tal manera que no acaba exactamente cuando la asamblea de los fieles dice el último verso «y líbranos del mal», porque entonces el oficiante pronuncia lo que en terminología liturgista se llama un embolismo (sí, de la misma raíz que embolia, la palabra que designaba cualquier accidente vascular) donde «empuja» con esa última frase una nueva oración que empieza precisamente por donde había acabado el padrenuestro: «Líbranos, Señor, de todos los males, y concédenos la paz en nuestros días…».

Pero no corramos tanto, que el padrenuestro conviene recitarlo despacio, degustando las palabras que lo forman, según uno de los modos de orar de san Ignacio de Loyola. Jesús mismo la enseñó a sus apóstoles en arameo, que era el idioma en que se manejaban en aquella época. De esa lengua muerta nos llega precisamente el amén que empleamos en nuestras oraciones, pero no entremos en disquisiciones filológicas sino en cuestiones de mucho más calado.

Dice el Papa Francisco: «Cuántas veces hay gente que dice "Padre nuestro" pero no sabe qué dice. Porque sí, es el Padre, ¿pero tú sientes que cuando dices "Padre" Él es el Padre, tu Padre, el Padre de la humanidad, el Padre de Jesucristo? ¿Tú tienes una relación con ese Padre? Cuando rezamos el padrenuestro, nos conectamos con el padre que nos ama, pero es el Espíritu quien nos da ese vínculo, ese sentimiento de ser hijos de Dios».

Es el Espíritu Santo el que nos permite llamar a Dios omnipotente, que reina con majestad sobre todas las cosas creadas, con el diminutivo familiar de «Abbá», algo así como nuestro cariñoso «papi» o «papaíto» con que los hijos se dirigen a sus padres. Para la mentalidad judía, esa forma de entablar relación con el Dios del Sinaí cuyo nombre impronunciable se escondía bajo el tetragrámaton de YHWH era revolucionaria. Inconcebible. Herética.

Para la mentalidad judía y, ¿para la nuestra también? En el ordinario de la misa, el sacerdote introduce el padrenuestro con una expresión que choca si se analiza con frialdad: «Fieles a la recomendación del Salvador y siguiendo su divina enseñanza, nos atrevemos a decir». Esto es, ponemos a Cristo y su instrucción a los apóstoles (*Mt 6,9-13*) por delante, como cuando uno no se atreve del todo a pronunciar lo que viene a continuación. «Osamos dirigirnos a Dios llamándolo Padre porque hemos renacido como sus hijos a través del agua y el Espíritu Santo», decía el Papa en su catequesis. Por supuesto, mayor atrevimiento sería si tradujéramos el «Abbá» por «Papi» como debió rechinar en los oídos de los apóstoles la primera vez que lo escucharon. Cielos, eso sí que nos descolocaría y constituiría, desde luego, el atrevimiento del que habla la rúbrica con que el sacerdote invita a rezar.

Eso sí, el padrenuestro es la oración colectiva por excelencia. Quizá porque, como dijimos antes, casi todo el mundo la sabe hilvanar. Quizá por esa dimensión comunitaria que tan bien expresa el poema del sacerdote José Luis Martín Descalzo que se usa como himno en la Liturgia de las Horas: «Padre nuestro, / padre de todos, / líbrame del orgullo / de estar solo. / No vengo a la soledad / cuando vengo a la oración, / pues sé que, estando contigo, / con mis hermanos estoy; / y sé, estando con ellos, / tú estás en medio, Señor. / No he venido a refugiarme / dentro de tu torreón, / como quien huye a un exilio / de aristocracia interior. / Pues vine huyendo del ruido, / pero de los hombres no. / Allí donde va un cristiano / no hay soledad, sino amor, / pues lleva toda la Iglesia / dentro de su corazón. / Y dice siempre "nosotros", / incluso si dice "yo"».

Por algo la oración del padrenuestro es la primera del rito de comunión, la fase siguiente de la eucaristía. Todo aquí se orienta a la comunión, que va más allá de comulgar juntos. Por eso está incluido en este preciso instante el rito de la paz, aunque en otras épocas y otras iglesias lo sitúan en otros momentos de la celebración eucarística.

El sacerdote invita a los fieles a intercambiar un gesto de paz para acentuar la dimensión comunitaria, de verdadera fraternidad en Cristo. También tenemos presente la advertencia que el propio Jesús dirige a sus discípulos en el Evangelio de Mateo: «Por tanto, si cuando vas a presentar tu ofrenda sobre el altar, te acuerdas allí mismo de que tu hermano tiene quejas contra ti, deja allí tu ofrenda ante el altar y vete primero a reconciliarte con tus hermanos, y entonces vuelve a presentar tu ofrenda» (*Mt 5,23-25*).

17

El Cordero inmolado

Tras el padrenuestro y el rito de la paz, en el que se distrae la atención de la asamblea de un tal modo que algunos lo llaman —con evidente sorna— el «recreo eucarístico», toda la atención se concentra de nuevo sobre el altar del sacrificio incruento. Es el momento de la fracción del pan, el gesto característico que dio nombre a la propia celebración de los primeros cristianos como atestiguan los Hechos de los Apóstoles: «Y perseveraban en la enseñanza de los apóstoles, en la comunión, en la fracción del pan y en las oraciones» (*Hch 2,42*). Al principio, en casas particulares, iglesias domésticas, donde se guardaba recuerdo de la última cena de Cristo con sus discípulos.

Hay algo de historia en el gesto de la fracción del pan y mucho de misterio. Vamos con lo primero: el pan acompañaba cualquier comida judía y correspondía al cabeza de familia repartirlo entre todos los comensales. Cada uno tenía una forma diferente de trocear el pan que la hacía inconfundible. Por eso, los discípulos de Emaús descubren la verdadera identidad del caminante que los ha acompañado y al que han rogado que se quede con ellos. Jesús trocearía el pan de la misma forma que siempre y a ellos ese simple gesto les disparó el recuerdo del Maestro al que habían seguido en vida.

Algo de eso mismo ocurre sobre el altar de la misa: el sacerdote, que actúa «in persona Christi», parte el pan que luego ha de repartirse de una manera característica, tan suya que difícilmente encontrarás dos presbíteros que lo hagan de forma idéntica. Tampoco hay ninguna rúbrica (acotación del misal que debe seguirse al pie de la letra) al respecto, más allá de que la hostia donde está contenido el Cuerpo de Cristo ha de trocearse.

El cuerpo eucarístico de Jesús sacramentado se parte para llegar a todos. Este es el significado teológico que recoge la Instrucción General del Misal Romano: «Significa que los fieles siendo muchos, en la Comunión de un solo Pan de vida, que es Cristo muerto y resucitado para la salvación del mundo, forman un solo cuerpo». En apoyo de estas palabras, la referencia a la primera carta a los corintios corrobora el significado último de la fracción del pan: «Porque el pan es uno, nosotros, siendo muchos, formamos un solo cuerpo, pues todos comemos del mismo pan».

De hecho, el sacerdote puede dividir la hostia consagrada en varios trozos que puede entregar a los concelebrantes, si los hay, o incluso agregarlos al copón donde están las formas que se repartirán a los fieles. Menos un trocito, minúsculo, que el celebrante deposita en el cáliz, el llamado *fermentum*. Es casi imperceptible, aunque algunos oficiantes trazan en el aire una cruz antes de soltar ese pedacito del Cuerpo de Cristo en el vaso litúrgico que contiene su Sangre.

Y de eso va el significado: de la unidad entre Cuerpo y Sangre, alma y divinidad de Cristo, presentes en las especies eucarísticas sin que la una prevalezca sobre la otra, sino en igualdad de condiciones. Antiguamente, simbolizaba también la comunión con Roma y con el obispo en cuyo nombre se celebra la eucaristía. Entonces, el prelado hacía llegar a sus presbíteros una hostia consagrada de mayor tamaño que se iba troceando para significar precisamente esa comunión con las enseñanzas de la Iglesia. Los historiadores también suponen que en algún momento se mantenían dos partículas del Cuerpo de Cristo en el cáliz con la Sangre: una, que se consagraba propiamente en la misa, y otra precedente de una consagración anterior significando la actualización del sacrificio del Calvario.

Sea como fuere, el sacerdote presenta a la asamblea el Cuerpo y la Sangre mientras ésta incide en la indignidad de quienes van a recibir el sacramento con las mismas palabras del centurión: «Señor, no soy digno de que entres en mi casa, pero una palabra tuya bastará para sanarme».

¿Y el misterio del que hablábamos más arriba?, ¿dónde quedó? En efecto, hay un gran misterio en el momento de la fracción del pan, porque mientras los ojos de la cara están viendo el cáliz y la patena, los ojos de la fe no hacen sino contemplar al Cordero inmolado.

¿De qué cordero estamos hablando? Del Cordero pascual de la Nueva Alianza, a semejanza del que los judíos comieron el día de su salida de Egipto siguiendo las instrucciones del ángel del Señor: ese cordero al que no le han quebrado ningún hueso es el precio del rescate por la vida del primogénito de cada casa. Y este cordero inmolado de la eucaristía actualiza el precio del rescate para la redención de todos cuantos participan en el sacrificio incruento.

Nosotros estamos renovando en cada misa esa Nueva Alianza comiendo la carne del cordero y bebiendo su sangre como el mismo Cristo dijo en el discurso del Pan de Vida que recoge el evangelista Juan: «El que come mi carne y bebe mi sangre tiene vida eterna, y yo lo resucitaré en el último día. Mi carne es verdadera comida y mi sangre es verdadera bebida. El que come mi carne y bebe mi sangre habita en mí y yo en él» (*Jn 6,54-56*).

Por eso el «Agnus Dei» es una oración de súplica de la asamblea, que no reza el sacerdote (aunque la suele introducir para que los fieles sepan cuándo toca pronunciarla). Porque el cuerpo místico de Cristo, que es su Iglesia, expresa de manera admirable su fe que está ante el Cordero del Apocalipsis usando la misma fórmula que Juan el Bautista dirigió a Jesús antes de su bautismo en el Jordán: «Este es el Cordero de Dios, que quita el pecado del mundo» (*Jn 1,29*). Y le pide misericordia al Padre.

Lo repite la asamblea dos veces, pero en realidad el Misal Romano no especifica nada, sino que se invoca tantas veces como sea necesario mientras se termina el rito de la fracción del pan. En la última súplica, en vez de misericordia, se pide la paz, que son los dos frutos apetecibles de la comunión en la Iglesia. Y a eso vamos, que para eso justamente hemos venido a misa.

18
Otra procesión

Si le preguntamos a la mayoría de los fieles que acuden a misa por el momento culminante del oficio divino, una inmensa mayoría no dudaría en señalar la consagración como el instante fundamental. No les falta razón, porque en ese momento ya hemos señalado que la tierra y el cielo se unen sobre el altar con toda la fuerza del Espíritu Santo que hace mutar la esencia (la sustancia) de lo que era simple pan ázimo y vino en el Cuerpo y la Sangre de Cristo.

Pero hay un momento todavía más decisivo en la misa: la comunión, que es el fin último al que tiende toda la celebración. En un plano físico y en un plano teológico. El Papa san Juan Pablo II lo expresaba así en la encíclica *Ecclesia de eucharistia*: «En la celebración del Sacrificio eucarístico la Iglesia eleva su plegaria a Dios, Padre de misericordia, para que conceda a sus hijos la plenitud del Espíritu Santo, de modo que lleguen a ser en Cristo un solo cuerpo y un solo espíritu».

Comulgamos para asimilarnos a Cristo, nutriéndonos de él mismo, alimentándonos con su cuerpo y su sangre. Para que entre en nuestro organismo y su

Cuerpo sea asimilado por nuestro aparato digestivo y su Sangre forme parte de nuestro torrente sanguíneo de modo que nos conformemos con él. Para parecernos más a él y transformarnos un poco más en él. No estamos en ningún plano simbólico. Así lo explicaba san Agustín en el capítulo décimo del libro VII de sus *Confesiones*: «Yo soy manjar de los que son ya grandes y robustos: crece, y entonces te serviré de alimento. Pero no me mudarás en tu sustancia propia, como le sucede al manjar de que se alimenta tu cuerpo, sino al contrario, tú te mudarás en mí». Para eso tomamos el pan y bebemos el vino de la eucaristía.

La comunión ha estado presente en la Iglesia desde sus comienzos, aunque haya variado el momento en que se reparten a los congregados las especies eucarísticas. Antes de proceder al reparto, el oficiante presenta el pan eucarístico y lo señala como el Cordero de Dios al que antes ha señalado el pueblo: «Este es el Cordero de Dios que quita el pecado del mundo, dichosos los llamados a la cena del Señor».

Y los allí reunidos replican con las mismas palabras que dijo el centurión que había mandado recado para que Jesús curara a su siervo: «Señor, no soy digno de que entres en mi casa, pero una palabra tuya bastará para sanarme». Es la última réplica de la asamblea antes de la comunión, expresión del abismo entre quien se está entregando en cuerpo y alma (y sangre y divinidad) y quienes, indignos como pecadores, lo están recibiendo.

Entonces, el sacerdote que preside la celebración pronuncia la antífona de comunión, un breve verso relativo al Evangelio proclamado o la memoria del día como anticipo de lo que se va a comer: se trata de rumiar la Palabra antes de masticar el Cuerpo. Es una forma de reforzar la idea de que en la misa asistimos a dos banquetes, el de la Palabra y el del Cuerpo y la Sangre.

Lo deseable es que esa antífona de comunión acompañe a los comulgantes en su trayecto hasta recibir las especies eucarísticas porque lo que sigue a continuación es una procesión. Sí, otra más. En realidad, cabría decir que es una peregrinación, un trasunto de nuestro propio paso por la vida a la manera en que los israelitas salieron de Egipto y caminaron por el desierto durante cuarenta años hasta alcanzar la tierra prometida.

Está claro que nosotros mismos atravesamos el desierto de nuestra vida temporal saliendo de la esclavitud del pecado con la vista puesta en la tierra prometida de la gloria eterna. Y necesitamos un viático que nos sustente en esa peregrinación de la que la fila de comulgantes aguardando su turno es figura, muy imperfecta si se quiere, pero suficientemente expresiva.

No acaban ahí las similitudes con el Éxodo del pueblo elegido y que el evangelista Juan trae a la luz en el capítulo 6 de su Evangelio en el conocido como discurso del Pan de Vida: «Yo soy el pan de vida; el que viene a mí no tendrá hambre, y el que cree en mí no tendrá nunca sed». Los israelitas sobrevivieron recolectando cada día su ración cotidiana del maná con el que Yahvé los alimentaba. Pero ese maná bajado del cielo —como Jesús— tenía sus reglas: tenía que consumirse de inmediato, no se podía almacenar y nadie podía recoger más que su ración.

También en la comunión experimentamos unos límites que nos igualan a todos: nadie puede comulgar por otro, nadie puede consumirlo en otro momento y nadie puede comulgar dos veces. Estas reglas también tienen sus escasas excepciones, pero no es el momento de entrar en el detalle sino de quedarnos con la analogía que puede establecerse entre el Pan de Vida y el maná.

De hecho, hay más limitaciones de las que ni siquiera somos conscientes. Se trata del mismo pan para todos (con excepción de los celíacos, se me objetará, pero tampoco vamos a detenernos en eso) y nadie puede tomarlo por su cuenta, sino que tiene que esperar —«Sé valiente, ten ánimo, espera en el Señor»— a que se lo den por mano del sacerdote, el diácono o del ministro extraordinario de la comunión.

Ambos gestos tienen mucha más hondura teológica de lo que parece. Al fin y al cabo, la comunión es un igualatorio en el que dejan de tener valor los títulos, las riquezas o los honores del mundo para comulgar todos del mismo pan en la misma porción: no se le da más a los que se consideran justos ni se les mengua la ración a los que se acusan de haber pecado. Eso implica que nadie puede traer su propio pan para que se lo consagren a él o a su familia, por muy distinguidos que sean, sino atenerse al que se reparte entre todos. Es el sacramento de la unidad.

La comunión es comida compartida, algo que a menudo se nos olvida para caer en un individualismo contrario a la esencia de la eucaristía: comemos todos juntos del mismo plato, como ese refrán que quiere dar a entender la falta de afinidad con alguien: «¿Desde cuándo tú y yo hemos comido del mismo plato?». Pues desde el momento en que comulgamos juntos, es decir, que nuestra afinidad se va acrecentando con el prójimo incluso desconocido que se sienta en el banco de al lado. El emperador y el mendigo, el catedrático y el analfabeto, el aristócrata y el plebeyo se ponen a la cola a que se les dé. Sin distinción ninguna ni acción alguna de su parte.

Esa pasividad contradice al movimiento con los pies que implica acercarse a recibir la comunión. Porque hay que moverse y ponerse en fila, pero ese camino de unos cuantos pasos que recorre cada fiel desde su banco hasta el antepresbiterio representa una insignificancia comparada con el enorme camino que recorre Dios al encuentro del comulgante.

Sobre la forma de comulgar no vamos a decir nada porque hiere tantas susceptibilidades que distrae de lo verdaderamente importante: esa boda del Cordero a la que asistimos no como espectadores, sino tomando parte en el banquete como invitados. ¿Solo como invitados?

En realidad, somos la novia de esa cena nupcial. La Iglesia es la esposa de Cristo y nosotros la integramos, luego somos también parte de este desposorio que hace venir el apocalipsis a la tierra. No hay de qué alarmarse. La palabra apocalipsis describía el momento de desvelar a la novia justo antes del momento de mayor intimidad del nuevo matrimonio, el del ayuntamiento carnal. Eso mismo es lo que sucede en misa. Aunque no lo hayas visto.

Jesús, el Cordero de Dios en pie sobre el altar, quiere intimar con su Esposa, o sea contigo. San Atanasio, padre de la Iglesia oriental del siglo IV que combatió la herejía arriana, hablaba de que la misa no era «un banquete temporal, sino un festín eterno y celestial». Un banquete en tu honor, ¿qué más grande regalo quieres?

Recogido en silencio —hay veces que el coro se empeña en cantar y cantar sin parar...—, puedes dar gracias a Dios por ese inmenso obsequio de venir hasta tu indigna persona para que te transforme un poco más en él.

Cuando el sacerdote termina de purificar los vasos sagrados y de doblar los paños del altar (corporal, palia, purificador), recoge en la oración posterior a la comunión la súplica de los frutos del misterio celebrado. Pero los frutos espirituales, no los sensibles que hayamos podido experimentar que, en eso, la sabiduría de la Iglesia siempre trata de enseñar que la acción sacramental no es cuestión de sentimientos. Por ejemplo: «Te pedimos, Señor, que el fruto del don del cielo penetre nuestros cuerpos y almas, para que sea su efecto, y no nuestro sentimiento, el que prevalezca siempre en nosotros. Por Jesucristo, nuestro Señor».

19
Avisado quedas

La misa se aproxima a su final. Pero todavía queda que se acentúe su dimensión comunitaria con los avisos parroquiales. Sí, no se los ha inventado tu párroco, sino que están aquí, en la Instrucción General del Misal Romano: «Al rito de conclusión pertenecen: a) Breves avisos, si fuere necesario».

Y de eso se trata, de pequeños anuncios dirigidos a la comunidad parroquial que interesa conocer. En otros tiempos, la misa dominical significaba el momento ideal para dirigirse a la población porque estaba reunida en un mismo sitio a una misma hora. Era, por usar un símil de nuestra época, la única red social en la que todos los habitantes de la feligresía entraban a la vez.

De lo expuesto en el Misal, se deduce que los avisos han de ser necesariamente breves. Y concernir a toda la asamblea o, al menos, a buena parte de ella. La programación de las actividades pastorales, los horarios de misa, la fecha de un retiro, hasta un breve vistazo a las finanzas de la parroquia caben en ese momento en el que el oficiante pide a los fieles sentarse un minuto para no tenerlos de pie escuchando la formulación de avisos.

Antes de que algunos la inventaran, los avisos al final de la misa tienen mucho de comunión civil. Porque no forman parte de la liturgia en ningún caso, pero, eso sí, fomentan la unidad de la comunidad parroquial en cuestiones que podríamos llamar procedimentales. Todo el mundo puede enterarse de que hay un grupo de Biblia o un círculo de lectura, aunque la información ampliada se les transmita solo a los interesados.

Depende mucho del arte del sacerdote celebrante la manera en que se perciben estos avisos parroquiales al final de la misa. Porque la celebración eucarística todavía no ha terminado. Y hay quienes están deseosos de que acabe para emprender la veloz huida del templo, por lo que esa sucesión de llamadas, convocatorias y advertencias se les hace pesadísima.

Por lo general, no lleva más de uno o dos minutos, lo suficiente para presentar muy resumida la información que se quiere participar a la asamblea de los fieles. Pero es bueno que se haga porque se refuerza la idea de que la parroquia es de todos los parroquianos y todos tienen derecho a estar informados de lo que se cuece.

Hoy, en muchas de nuestras parroquias urbanas, la sección de breves avisos ha decaído notablemente en favor del grupo de mensajería instantánea o la lista de difusión en las redes sociales. Pero chocan con el inconveniente de que no todos los parroquianos están dados de alta o les interesa estar activos en esas redes para adquirir la información sobre su parroquia.

A simple vista, pudiera considerarse que esta alternativa es mucho más eficaz y acorde con los tiempos, pero el aviso parroquial antes de que acabe la misa refuerza la idea de que allí, ante el altar donde acabamos de recibir el pan partido de la fraternidad, se sustancian cuestiones de otra índole sobre las que todos tenemos que estar, como mínimo, avisados. En definitiva, que la misa a la que estamos asistiendo no es algo al margen de la vida, sino que impacta y tiene su repercusión en cuestiones de la vida ordinaria como el descanso semanal, la planificación de la jornada laboral, la contribución al bien común o la solidaridad con los más desfavorecidos.

Con los avisos puede pasar como con la colecta durante la presentación de las ofrendas: que, en estos tiempos de pago con tarjeta y escasez de metálico, se olvide el gesto hermoso de depositar unas moneditas en la cesta que pasan por los bancos. Puede parecernos algo simbólico, pero seguro que el párroco o el ecónomo de la parroquia no comparten ese adjetivo.

También los avisos tienen algo de simbólicos para la cantidad de información que puede llegar a vehicular una parroquia a través de los diferentes grupos de mensajes, pero tiene el valor de que, cuanto se diga, va a llegar inmediato a los que están escuchando sentados en los bancos y en un mismo acto comunicativo, reforzando la idea de que ese mensaje nos interesa a todos por igual para gobernar nuestras vidas, que no serán las mismas después de haber recibido el Cuerpo de Cristo. Avisado quedas.

20
Adiós: de Dios a los hombres

La Iglesia nace del misterio pascual, por eso el cuerpo místico de Cristo se alimenta con su cuerpo real y verdadero en el sacrificio de la misa. La eucaristía crea comunión y educa a la comunión, como dice Juan Pablo II en *Ecclesia de eucharistia*: «En el humilde signo del pan y el vino, transformados en su cuerpo y en su sangre, Cristo camina con nosotros como nuestra fuerza y nuestro viático y nos convierte en testigos de esperanza para todos».

Así llegamos al final de la misa, que es propiamente un envío, para convertirnos en testigos de esperanza en un mundo desesperanzado. La propia palabra *misa* hunde sus raíces etimológicas ahí mismo: la frase final que pronunciaba el oficiante en latín era «Ite, missa est», que bien puede traducirse como «id, sois enviados», del verbo «mittere». El Catecismo lo corrobora en su punto 1332 hablando de los diferentes nombres con que se conoce al sacramento que es fuente y culmen de la vida cristiana: «Santa Misa porque la liturgia en la que se realiza el misterio de salvación se termina con el envío de los fieles (*missio*) a fin de que cumplan la voluntad de Dios en su vida cotidiana».

El doble movimiento en vertical que nos asombraba durante la celebración sobre el altar del sacrificio se convierte ahora en un nuevo movimiento doble en horizontal: los que vinieron y se congregaron en torno a la víctima pascual se desperdigan, nada más acabar el memorial, por el ancho mundo para convertirse en testigos del misterio que han presenciado. Dios, que los había convocado, los despide ahora por boca del ministro —es el diácono el encargado de despedir a la asamblea— para que planten la semilla de la comunión en medio de los hombres.

Es decir, que el pan de la comunión nos ayuda a entregarnos a los demás y en la literatura eucarística hay muchísimas referencias de cómo el banquete dispone a la comunión incluso con los que no han participado de él. Es el último encargo que se nos hace en la misa, para que llevemos —como sagrarios andantes— el viático que restablece y fortalece a todos los hombres. Esa es la misión de cuantos salen de misa y el juego de palabras es, por supuesto, plenamente intencionado.

Dice el Papa Francisco con lenguaje más que accesible para todos: «Los cristianos no van a misa para hacer una tarea semanal y después se olvidan, no. Los cristianos van a misa para participar en la Pasión y Resurrección del Señor y después vivir más como cristianos: se abre el compromiso del testimonio cristiano. Salimos de la iglesia para "ir en paz" y llevar la bendición de Dios a las actividades cotidianas, a nuestras casas, a los ambientes de trabajo, entre las ocupaciones de la ciudad terrenal, "glorificando al Señor con nuestra vida"».

Y remacha: «Cada vez que salgo de la misa, debo salir mejor de como entré, con más vida, con más fuerza, con más ganas de dar testimonio cristiano. A través de la eucaristía el Señor Jesús entra en nosotros, en nuestro corazón y en nuestra carne para que podamos "vivir el sacramento recibido con fe"».

En el fondo, cada fiel tendría que examinar su corazón al término de la celebración eucarística para responderse con toda sinceridad si ha vivido una verdadera experiencia pascual (de paso) que lo ha alimentado como persona y como cristiano. No si le gustó más o menos el sermón del cura, no si estaba de acuerdo o se revolvía en el banco cuando lo escuchaba, no si el coro cantó desafinado o hizo una interpretación sublime, no si los acólitos se tropezaban y no bailaban esa delicada coreografía que es la puesta en escena de una misa, no si reconocía a los que tenía a mi lado y los besuqueé en el momento de la paz, no si los lectores y el salmista proclamaron la Escritura de forma perfectamente audible. Nada de eso debe ser el objeto de nuestro examen, aunque ayude o dificulte a vivir la experiencia interior de participar en la misa.

Ni siquiera el examen debería limitarse a mí mismo sino hacerlo en comunión con el resto de los hermanos con los que he participado en la liturgia, con los hombres sea cual sea su creencia respecto de lo que acabamos de celebrar y con los santos que han asistido durante la celebración. Ese es el verdadero examen del culto interior, en el que no hay lágrimas ni suspiros, ni descansos ni emociones desbocadas, sino construcción de la Iglesia, edificación del cuerpo místico de Cristo a través de su propio Pan y su propia Sangre comulgadas por la asamblea.

Así podremos decir que hemos intimado con Dios en el ratito breve de la misa dominical: aproximadamente el 0,33 por ciento del tiempo que transcurre durante una semana. No parece que sea excesivo incluso para las agendas más ocupadas, ¿no? Participar de la liturgia no es un lujo (aunque cada vez más comunidades así lo vean por la falta de ministros ordenados para celebrar misa) sino una necesidad del creyente. Es un camino de ida y vuelta: avanza hacia Dios hasta entrar en su misterio y vuelve de Dios hacia los hombres para participarles lo vivido.

Sevilla, 7 de octubre de 2023
Día del Rosario

Índice

LA MISA EN 30 PALABRAS

Andrea Grillo y Daniela Conti - 200 páginas

Este abecedario, expuesto de una forma atractiva y profunda a la vez, nos invita a profundizar en cada una de las partes de la Misa. Las 30 palabras que contiene se dirigen tanto a jóvenes como a adultos, con el fin de saborear la liturgia eucarística, entender su teología y experimentar su fuerza. Sin redescubrimiento, profundo y elemental, nadie puede realmente celebrar.

COMUNIDADES FRATERNAS, COMUNIDADES VIVAS

Ignacio Rojas Gálvez – 88 páginas

La edificación de la fraternidad es uno de los empeños personales de Pablo. El autor de este libro ha escogido de las cartas de Pablo los textos que le han parecido más significativos para la edificación de la comunidad. Se han privilegiado los textos que nos ayuden a orar y que susciten en nosotros una reflexión sobre el porqué y el cómo de nuestras fraternidades cristianas, en definitiva, textos que estimulen la construcción de la comunidad.

SI NO LO BUSCAS LO ENCUENTRAS

Paolo Scquizzato - 152 páginas

El propósito de este libro es muy sencillo: propone un itinerario de redescubrimiento del propio y auténtico yo, un retorno al centro, a la propia fuente interior, por medio de la práctica de la meditación. Un itinerario que conduce así a la verdad, a la experiencia del yo y del mundo sin el filtro de lo ilusorio y de los sueños, para experimentar, finalmente, la plena libertad y, por tanto, la realización del corazón. No hay que hacer nada: Dios ya te lo ha dado todo. ¡Mira en tu interior! No pensar en el futuro, no pensar en el pasado, tan solo permanecer aquí y ahora en silencio. Y de pronto, ahí está la meta… Siempre ha estado ahí.